Миодраг Вукић / Miodrag Vukić

Вук Караџић
између Гетеа и Грима

Vuk Karadžić
zwischen Goethe und Grimm

Библиотека / Bibliothek
ВУКОВ САБОР / VUKOV SABOR

Уредник / *Redakteur*
Љиљана М. Симић / Ljiljana M. Simić

Рецензенти / *Rezensenten*
Др Бернхард Лауер / Dr. Bernhard Lauer
Др Хелмут В. Шалер / Dr. Helmut W. Schaller

Превод / *Übersetzung*
Вера Колаковић / Vera Kolaković

Заједничко издање / Gemeinschaftsproduktion

Издавачко предузеће „Рад" д. д., Београд
Културно просветна заједница Републике Србије

Verlag „Rad", Beograd
Kultureller Aufklärungsbund der Republik Serbien

На задњој страни корица / Auf dem Rückumschlag
Вук Стефановић Караџић, рад Предрага Драговића
Vuk Stefanović Karadžić, von Predrag Dragović, 1987.

Миодраг Вукић / Miodrag Vukić

Вук Караџић
између Гетеа и Грима

Vuk Karadžić
zwischen Goethe und Grimm

РАД • КПЗ СРБИЈЕ
Београд, 1998

Први део

Поздравна реч

Дело „Вук Караџић између Гетеа и Грима", аутора Миодрага Вукића, филолога, преводиоца и новинара који живи и ради у Франкфурту на Мајни, представља допринос предочавању значаја културних спона које је још у протеклим столећима карактерисала жеља за зближавањем различитих европских народа. Тај би процес био незамислив без науке о језику и њених доприноса који представљају битну основу за усвајање духовног наслеђа вишенационалне европске породице народа, које се преноси на страном језику. Оно што је на први поглед удаљено једно од другог управо се у погледу на историју показује као плодан процес духовног и интелектуалног узајамног деловања које до данашњих дана представља елемент који карактерише западноевропску културу. О томе сведоче и контакти и сусрети Гетеа и Вука Караџића.

Стога ми је, као градоначелнику родног града највећег немачког песника, велико задовољство што ће тај аспект културних и духовних традиција Европе поводом Вуковог сабора и међународног славистичког конгреса 1998. године, бити представљен у овом облику.

Петра Рот
градоначелник
Франкфурта на Мајни

Вук Караџић и његов значај у Србији и ван ње

Вук Караџић је одиграо готово двоструку улогу: први пут као стваралац новог српског књижевног језика а други пут као личност која је упознала свет са духовном културом свога народа. Својом збирком *Српских народних песама* веома брзо је скренуо пажњу осталих европских земаља на Србију. Вука су подржавале личности као што су били Бартоломеус Копитар, Јакоб Грим и Јохан Волфганг фон Гете, док је у својој земљи наилазио на велики отпор нарочито српске православне цркве са којом је морао да се бори. Због тога је његова реформа језика спроведена у дело доста касније; док су му Аустрија и Немачка већ дуго одавале признање. Стварање заједничког језика Хрвата и Срба, потврђено Бечким споразумом од 1850. године, била је управо заслуга Вука Караџића.

Вук Стефановић Караџић рођен је 26. октобра 1787. у селу Тршић на Дрини а умро је 26. јануара / 7. фебруара 1864. године у Бечу. Увођењем новог књижевног језика Вук је прекинуо са употребом српске црквенословенске књижевне традиције и по Копитаревом наговору објавио 1814. године своју *Писменицу*, која се читаву деценију касније, 1824. године појавила под насловом *Grammatik der serbischen Sprache nach der Mundart des einfachen Volkes* у преводу Јакоба Грима и са његовим предговором. Караџић је до 1836. године толико побољшао правопис српског језика да је то било и остало пресудно за азбуку не само ћириличног већ и латиничног писма. Његове *Народне српске пјесме* објављене су у два тома 1814/15 године и представљале су основу за упознавање народног језика и његовог епског стваралаштва тако да су од 1891–1892. године, биле објављене у девет томова. Затим су уследиле *Народне српске приповјетке* 1821–1853. а 1836. године штампана је и збирка пословица под насловом *Народне српске пословице* које су поновљене у проширеном издању 1849. Вук већ 1848. године објављује свој *Српски рјечник*.

Вукова језичка реформа послужила је као узор далеко ван Србије јер је успео да у језик свог народа унесе разумљив, једноставан правопис неспутан традицијом. Тако да је и Вуков превод *Новог завета* на српски у директној вези са реформом језика. После слома устанка 1813. године Вук се склања у Беч, где је пуне четири године под Копитаревим вођством припремао реформу језика. А била је готова и оформљена и у потпуности прихваћена тек после његове смрти 1868. године, зато што се Вук био одрекао црквенословенских словних знакова у свом правопису.

Веома важну улогу у спровођењу реформе одиграо је Даничић, научник, који је умро 1882. године а као преводилац *Старог завета* на српски језик одиграо у погледу увођења новина у Србији сличну улогу као и Вук али ни издалека тако доминантну. Крајем тридесетих година 19. века Вуков правопис се уводи не само у Србији већ и у Хрватској и то захваљујући Људевиту Гају, тако да је пут за заједнички књижевни језик био слободан.

Људевит Гај је 1830. године објавио у Офену *Кратке основе хрватско-словенског правописа*, који је по узору на чешки језик увео дијакритичке знакове који се још увек могу наћи у хрватско-латинским варијантама српскохрватске употребе правописа.

Ако се са лингвистичке тачке гледишта током дугог времена, па можда и данас, може говорити о „српскохрватском језику" онда је то управо заслуга Вука Караџића. Вук је желео да и немачки језик унесе у своја разматрања што је видљиво по његовом лексикону објављеном под насловом *Lexikon serbico-germanico-latinum* дуго година након његове смрти. Штампан је у Београду 1898. године у три издања.

Миодраг Вукић је скицом представио сарадњу, пријатељство и однос између Караџића, Грима и Гетеа. Пипин и Спасовић у немачком издању њихове *Историје словенских књижевности* већ 1880. године говоре о значају Караџића за развој књижевности словенских народа. М. Мурко опширно оцењује Караџићев рад у свом делу *Јужнословенске књижевности* 1908. а такође и Г. Гeземан чини исто у својим *Студи-*

јама о јужнословенској народној етици која је први пут публикована 1926. Српска народна песма у немачкој књижевности а тиме и Вук Караџић у Немачкој предмет су рада М. Ђурчина из 1908. године. В. Бојић у својој монографији обрађује дело Јакоба Грима и Вука Караџића.

„Српско научно друштво" у Београду бира већ 1849. године Јакоба Грима за свог дописног члана а средином новембра 1985. године српска Академија наука и уметности приређује у Београду интернационални научни скуп – дане посвећене Јакобу Гриму. Поводом 150. годишњице појављивања Караџићеве *Kleiner serbischer Grammatik uebersetzt mit einer Vorrede von Jakob Grimm (Мале српске граматике у преводу и са предговором Јакоба Грима)*, издавачке куће Ото Сагнер из Минхена и „Просвета" из Београда, објавиле су ново издање овог епохалног дела које су уредили Миљан Мојашевић и Петер Рендер. Показало се на овај начин колико је живо и актуелно дело Вука Караџића не само у Србији већ и у Немачкој – што је довољан повод да се овим излагањем које следи, поново оживи сећање на рад Вука Караџића.

Хелмут В. Шалер

Предговор

Ова књига представља покушај да се расветли утицај који је Јакоб Грим извршио на Вука Караџића, али из угла из којег досад није разматран.

У овој расправи често се Вук Караџић назива само „Вук". У истраживањима из области славистике било се одомаћило само то име. Тако су га називали и у преписци која се одвијала између Грима, Гетеа, Копитара и Вука.

Преписка између Вука и Грима садржи многе ортографске и стилске грешке које се приписују делимично самом Вуку а делимично и Љубомиру Стојановићу, који је штампао преписку између Вука и Грима. На местима где ове грешке не мењају смисао текста, оне су остављене, да би се одржала правоверност изворника. А Вукове пословице и казивања које сам ја превео на немачки језик, остале су верне оригиналу, колико су ми то дозвољавале језичке могућности.

Драгоцена упутства око прибављања потребне литературе добио сам захваљујући господи: професорима београдског Универзитета: др Миљану Мојашевићу, др Мирославу Пантићу, др Радовану Самарџићу, др Голубу Добрашиновићу, затим господи, професорима др Јозефу Метлу из Граца, др Алојзу Шмаусу из Минхена, др Херберту Појкерту из Јене, др Лудвигу Денекеу, директору Музеја браћа Грим у Каселу.

Ово дело настало је иницијативом и уз подршку господина професора др Фридриха-Вилхелма Нојмана, на чему му овом приликом изражавам најсрдачнију захвалност.

Вук Караџић између Грима и Гетеа; њихова сарадња и пријатељство

Јакоб Грим је подстакнуо Вукову ћерку Мину да преведе јужнословенске бајке на немачки језик. Јакоб Грим је лично написао предговор у којем Вука назива својим дубоко поштованим пријатељем а његову збирку приповедака хвали као дело достојно дивљења. Овај пример недвосмислено потврђује да неговање немачко-јужнословенских културних односа има дугу традицију и да постоји и данас.

Док су се у 18. веку у јужнословенској књижевности осећали утицаји разних суседних земаља, почетком 19. столећа највећи утицај врши немачка књижевност. Односи према Немцима били су многострани и развијали су се под веома различитим историјским, политичким и привредним околностима. Чак ни последња два рата нису зауставила овај процес нити га умањила. Немачки утицај на јужнословенском простору био је одувек истакнут – тако да није никакво чудо што је немачки језик – поред енглеског – најраспрострањенији страни језик. Овај утицај се развијао иако су јужнословенски народи били под аустријском односно турском владавином и водили херојску ослободилачку борбу.

Јужнословенске народне песме, до тада готово непознате западној Европи, побрале су најпре симпатије код научника и песника. Гете је превео баладу „Хасанагиница" под насловом „Тужбалица племените Хасан-агине госпе". Јакоб Грим је учио интензивно српски језик и као добар познавалац тог језика први је превео народне песме и учинио их популарним и у Немачкој и изван ње, у целом свету.

Да би се разумело народно јужнословенско стваралаштво потребно је познавање политичких прилика. Тако је писао славни немачки историчар Леополд фон Ранке у својој историји српске револуције која је испуњена симпатијама за српски народ. Вук је својевремено упознао Леополда фон Ранкеа. *Историја српске револуције из списа и саопштења* Леополда фон Ранкеа појавила се 1829. у Хамбургу; материјал за ово познато Ранкеово дело доставио је аутору Вук. У предговору Ранке наглашава да је дело настало заједничким радом са Вуком а у преписци са Вуком назива књигу „наше дело" и шаље Вуку половину хонорара.

Вуков живот

Вукови преци потичу из Црне Горе и припадају племену Васојевића из Никшића. Четрдесетих година осамнаестог века, Вуков деда Јоксим Бандула преселио се из села Петнице у Херцеговини у село Тршић у Србији. Село је готово остало без људи због куге али је било веома богато шумама и водом. Јоксимов син Стеван оженио се Јегдом Зрнић из Никшића. Пошто им је у кратком размаку поумирало петоро деце, родило се 26. октобра, односно 7. новембра 1787, шесто дете, син. Назвали су га Вук. Касније, у свом *Српском рјечнику*, објашњава Вук своје рођено крштено име: Кад некој жени умиру дјеца и, кад најзад роди сина онда му дају име Вук, јер се вјерује да су њихову дјецу појеле вештице, а оне се нису усуђивале да насрну на Вука. Вукова мајка, рођена у Никшићу, месту где се иначе рађају јунаци – као што су били и Карађићи – била је крајње незадовољна изгледом свог сина. Био је мали и слабашан. Стога се више бринула о Вуковом млађем брату. У свом дугом животу Вук се свега сећао. Ни један једини ред није написао о мајчиној љубави. Уместо тога, једном је приметио „како су женама из Никшића од љубави важнија јуначка дела".

Вук је био ожењен Аном Краус, Немицом из Беча. Кад му је умрла ташта – 20-ак година после смрти његове мајке – писао је да је своју ташту, иако странкињу, Немицу, више волео од своје рођене мајке.

Јефто Савић, Вуков рођак, први је упознао Вука са азбуком. Као мастило послужио је барутни прах растворен у води, омот паковања као хартија за писање, чак и кора дрвета на којој је мали Вук писао зрелим купинама. Рођак Јефто снабдео га је и једним московским букваром од кога се мали чобанин није никада одвајао. Са књигом под мишком трчао је за стадом. Школе су тада у Србији биле веома ретке. Разговарао је са трговцима и свештеницима које је сусретао верујући да знају да читају и да му могу објаснити поједина слова. Неретко је добијао овакав одговор: „Заиста, сине мој, ни сам не знам."

Следеће етапе његовог живота брзо су се смењивале. Отац га је послао у школу у суседно место Лозницу. Тамо није било никаквог буквара. Деца су морала да уче из текста написаног руком. Вук је остао у школи кратко време. Кад се у Срему појавила куга, школа је морала да се затвори. Касније га отац одведе у манастир Троношу. Уместо да га монаси подучавају, Вук је морао да их опслужује, да чува козе и обавља разне друге манастирске послове. Тамо није ништа научио. Отац га узме из манастира – да би барем чувао сопствене козе а не туђе. По околини се причало како Вук зна да чита и пише. Кад је Карађорђе 1804. позивао на устанак против Турака, са њим су били и људи из Тршића и околине. Хајдучки вођа Ђорђе Ђурчија примио је Вука, 16-годишњег устаника, у службу код себе, као писара. Године 1805. Вук је отишао у Сремске Карловце и у тамошњој школи био гост-ђак. Наставу је могао да слуша само из последње клупе. У гимназију није могао да се упише: прво због сиромаштва а и јер је био престар, а друго – није имао никакво сведочанство о завршеној основној школи. Говорили су му да је оно што већ зна сасвим довољно за Србина да би постао свештеник, учитељ или писар.

У пролеће 1807. опет је накратко у Лозници – као штапски писар војводе Јакова Ненадовића. За ово време чуо је многе српске јуначке песме. Вуков рођак Јефто, који је у међувремену постао члан Савета устаника, довео је Вука у Београд. Вук је писао:

„Изузев свештеника и калуђера у 1000 душа једва да се може наћи један који зна помало да чита. А и они који су знали да пишу, били су ретки, чак и међу свештеницима и калуђерима."

У Београду је Вук имао прилику да упозна вођу устанка што је било од велике користи за његов историјски истраживачки рад. Почетком септембра 1808, две године по ослобођењу Београда, била је основана „Велика школа", нека врста високе школе. По Вуковим речима, била је то школа „какву

Срби никад и нигде нису имали". До тада су у Београду постојале две основне школе. При освећењу Велике школе срели су се стари славни књижевник Доситеј Обрадовић – који је утро пут идејама просветитељства у Србији, и непознати ученик – Вук. Доситеј је своје земљаке упознао са Европом – а Вук, касније, Европу са својим земљацима. И у новој Високој школи, није Вук, нажалост, остао дуго. Болови су захватили руке и ноге – било је то тешко реуматско обољење. Напустио је Београд и вратио се у свој родни крај. Затим је покушао да се лечи у бањи Мехадија, у Новом Саду и Будиму. Све је било узалуд, лева нога му се укочила. Са штулом и укоченом ногом кренуо је у Београд. Отада је груб подупирач, штула, био његов нераздвојни друг. Вук о томе каже:

„Да је нисам имао, можда бих изгубио живот под Турцима, као што је био случај са многим мојим вршњацима; али моја штула ме је приморала да потражим мир и да у миру читам књиге и све мирно стављам на папир, што сам чуо или видео."

Кратко време Вук је био наставник у једној од основних школа у Београду. Затим је био управник царинарнице у Кладову а касније судија првостепеног суда у Брзој Паланци. По Карађорђевом налогу био је код Мулат Паше у Видину и код легендарног јунака Хајдук-Вељка у Неготину, кога је касније описао топло и пластично. Крајем лета 1813. Турци све више надиру у Србију и приближавају се Београду. Пред сам њихов налет, Вук се из Гроцке, малог места крај Београда, сели на другу страну Дунава која је била под аустроугарском владавином. Средином новембра 1813. Вук је у Бечу, где за њега отпочиње нова епоха. Боравак у Бечу био је од пресудног значаја за његов истраживачки рад на научно-језичком пољу и подручју народних умотворина.

У његовом животу два човека су одиграла изразиту улогу: Бартоломеус Копитар и Јакоб Грим. Чини ми се важним да осветлим њихов упоредни рад и да би се постављањем једног наспрам другог најбоље огледали њихови пријатељски односи и сарадња.

Вук и Гете

Сусрет Вука и Јакоба Грима догодио се посредовањем Словенца Јернеја Копитара а сусрет између Вука и Гетеа захваљујући Копитару и Јакобу Гриму.

Беч и Немачка били су у то време Вукова истинска друга домовина, и средиште његовог литерарно-научнојезичког рада. Немачки научници и песници као што су Гете, Јакоб Грим и Леополд фон Ранке давали су Вуку драгоцену помоћ. Копитар је највише подстакао Вука да се упозна са Гримом и наговорио га је да оде из Лајпцига у Вајмар да би упознао Гетеа, који је већ био дошао у додир са српском народном поезијом, не само преко његовог превода „Тужбалице племените госпе Хасан аге".

Јакоб Грим је био одушевљен идејом да Вук лично упозна Гетеа, те му је дао писану препоруку за њега. Двапут је Вук посетио Гетеа у Вајмару. Тачан датум прве посете није сасвим известан. У Гетеовом дневнику под датумом 10. 11. 1823. налазимо следећу опаску: „...од српског Вука интересантне песме српске нације". Вук је био и узбуђен и одушевљен што ће се сусрести с највећим немачким песником. О својој првој посети Гетеу Вук пише Копитару опширно и са много појединости, у писму од 23. 10. 1823:

„У Вајмару сам био осам дана и могу мирно да кажем да су то били најупечатљивији дани мога досадашњег живота".

Јакоб Грим је дао Вуку писмо за Гетеа у којем немачки филолог хвали српске народне песме и где прилаже једну од најлепших народних песама, „Диоба Јакшића".

Вук описује боравак у Вајмару:

„Кад сам ушао у Гетеову кућу, предао сам слуги Гримово писмо, увече, баш кад се Гете спремао да се извезе некуд кочијама. Собар је однео моје писмо, брзо се вратио и саопштио ми, да је Његова Екселенција казала, да ће се изузетно обрадовати, ако бих га посетио сутра у једанаест сати. Кад сам стигао следећег јутра, Гете ме је сачекао на средини собе. После много комплимената сели смо на софу на којој се налазило раширено Гримово писмо поред превода песме „Диоба Јакшића" и свежањ новина."

Показујући на новине Гете је казао Вуку:

„Видите да нисте данас први пут у мојој соби. Ви сте овде већ дуже време."

Кад је Вук бацио поглед на новине, угледао је Гетеов приказ његове *Српске граматике* где је писало следеће:

„Боравак тог вредног човека у Немачкој довео га је у контакт са изврсним људима. Библиотекар Грим из Касела са вичношћу језичког моћника латио се такође и српског језика; превео је Вукову граматику и подарио јој предговор. Захвални смо му за значајне преводе који су рађени у духу и метру оног што је карактеристично за национално."

Из Вукових речи осећамо понос који га је испунио због интересовања и пажње славног немачког песника; он пише:

„Сад можете да замислите какав је то тријумф био за мене."

Вук даље, у истом писму, описује да је са Гетеом дуго разговарао о народним песмама. Гете му је прочитао „Диобу Јакшића" у Гримовом преводу и, после неколико стихова, замолио Вука да то каже у оригиналу, односно српски. Гете је обећао да ће штампати ову народну песму и убрзо испунио своје обећање. Даље је Гете замолио Вука да му дословно преведе неколико песама и пошаље. И Вук је одржао реч. Већ 8. новембра 1823. шаље Гетеу из Лајпцига неколико буквалних превода српских народних песама. Гете се захваљује писмом од 20. 12. 1823:

„Благород.

Вашим слањем дословног превода изврсних лепих српских песама приредили сте ми велику радост која је била таква да се Граматиком и Лексиконом удвостручила и утростручила.

Ваш знаменити језик је прокрчио пут и овде код нас и пружио нашим истраживачима прилику да се тиме марљиво позабаве. Али ми опростите што Вас опет молим за једну услугу, за један исто тако буквалан превод српских песама које су овде пристигле, нарочито последње, а која се одликује једним изванредним догађајем.

Остајте ми здрави и будите сигурни у моју наклоност.

Вајмар, 20. децембра 1823.

најоданије
Ј. В. Гете

О другој Вуковој посети Гетеу, која се збила средином фебруара 1824, говори белешка из Гетеовог дневника:

„Вук Стефановић је донео два прва тома његових српских песама и писмо од професора Фатера."

Јохан Волфганг Гете је имао много симпатија и похвалних речи за Вука и његов рад:

„Али све ово би било без икаквих резултата, да није било једног вредног човека, по имену Вук Стефановић Караџић, рођеног 1787. и одгајаног на граници између Србије и Босне, који је свој матерњи језик, много чистији на селу него у градовима, рано упознао и заволео као и његову народну поезију. У овој ствари он се понашао са највећом озбиљношћу и 1814. године је у Бечу објавио Српску граматику и одмах Српске народне песме, стотину на броју."

Шта је Гете осећао према српском песништву и какав је био његов однос према томе, говоре следећи цитати из његовог дела:

„Ова српска, природна поезија је у сваком случају достојна наше поезије и заслужује нашу пажњу и нашу расправу. Од Хомеровог песништва у читавој Европи се не може именовати појава која би нам јасно могла представити смисао и настанак епова као што је то случај са српском поезијом. Вук Стефановић Караџић је објављивањем ове поезије стекао вечиту славу. Верујемо да ће се сада због ове поезије учити словенски језик."

Вук, чобанин из малог села западне Србије, својом делатношћу и храбром борбом за чистоту језика постигао је највећи значај у изучавању српског језика и јужнословенске књижевности. На крају ћу сажети у чему се мора видети овај значај:

1. Вук је био први који је сакупио српске народне песме, приповетке и пословице, редиговао их и објавио.

2. Прва српска граматика је је његово дело.

3. Први српски речник такође је један од његових великих подухвата: обиман материјал за речник сакупио је на лицу места, прибележио и објаснио. Ово дело је и данас незаобилазни приручник и представља плодно истраживачко поље за филологе свих праваца.

4. Његове рецензије важе као почеци јужнословенске књижевне критике.

5. Вук је први историчар српског устаничког покрета под Карађорђем и кнезом Милошем Обреновићем.

6. Он је оснивач, чак отац, српске, односно јужнословенске науке о народној уметности.

7. И најзад, Вук је прокрчио пут српском језику и правопису после педесетогодишње борбе. Он је створио српску азбуку у којој сваком гласу одговара једно слово.

Несебична помоћ Јакоба Грима и велико Гетеово интересовање за даљи развој Вукове језичке револуције били су од изванредног значаја. Грим и Вук: двојица ентузијаста који су волели свој језик, који су, иако потпуно различити и са дивергентним претпоставкама, следили ипак исти циљ: да сваки свом народу путем истраживања, обезбеђивањем кроз развој језика саопшти суштину и самосвојност националног бића.

Други део

Поздравна реч

Велики истраживачи на пољу језика, Вук Караџић и Јакоб Грим, били су дугог века који су проживели готово у исто време а везивало их је не само лично пријатељство већ и заједничко интересовање на научном пољу. Обојица су у својим филолошким истраживањима освојили нове путеве – Грим у немачком а Вук у српскохрватском језику. Да, Вук је управо био стваралац модерног српскохрватског правописа а тиме у извесном смислу и стваралац српскохрватске културе. Обојица су се храбро залагала за политичке слободе повлачећи због тога и личне консеквенце. Били су истакнути чланови европског друштва учених људи а њихов духовно-културни значај и непрекидна делатност нису ни до данашњег дана оцењени довољно високо.

Као градоначелница града Ханауа, родног места Јакоба и Вилхелма Грима, у коме већ одавно живе многи Вукови земљаци, видим у овом блиском пријатељству двојице научника леп знак везе између два народа – Јакоб Грим је називао Вука „мој славни пријатељ" а Вук је непрестано одавао захвалност Гриму због наклоности и помоћи коју му је овај указивао.

Марґарет Хертел
градоначелник
Ханауа

Увод

Сарадња између Вука Караџића и Јакоба Грима била је већ предмет многих научних истраживања. Али обимна грађа и теме још увек нуде читав низ питања и полазишта вредних да се проуче и осветле.

Дело Јакоба Грима, оснивача германистичке науке као и језичке и књижевне историје, истраживача старина, бајки, старих закона, било је тако разноврсно и широко повезано са духовним животом Немачке прве половине деветнаестог века, да још и данас представља плодно истраживачко тло за научнике разних опредељења и струка. Вукови револуционарни подухвати, којима је поставио камен темељац за поновно рођење српске културе, било је толико разгранато, комплексно и раскошно да се још увек могу открити трагови његовог стваралаштва који су остали непознати. Из генерације у генерацију стално се обелодањују нова значења његове стваралачке снаге. Вук и Грим су два значајна лика у културној и литерарној историји својих народа и били су учесници стварања епохе. Једва да је ико пре и после њих учинио више за зближавање немачког и јужнословенских народа. Јакоб Грим се веома интересовао за проблеме славистичке филологије и фолклора. Вук Караџић је највећи део своје научне делатности усредсредио методистички и практично на немачко језичко подручје. Односи између ова два научника, Вука и Грима, били су тако богати и активни да још увек представљају клупко неразјашњених научних питања.

Овај рад представља покушај да се испитају и обелодане неки интересантни аспекти односа између Јакоба Грима и Вука Караџића са нарочитим нагласком на томе у коликој мери је и на који начин Јакоб Грим утицао на Вука и подстицао га да сакупља српске пословице. Иако је однос Јакоба Грима према Словенима већ био опширно обрађиван, Гримов однос према сакупљању народних пословица Вука Караџића једва да је и примећен. Питања која одатле проистичу остала су неразјашњена у обимној литератури о Вуку као што је нпр. монографија Љубомира Стојановића као уосталом и у другим стандардним делима ове врсте. Гримов утицај на Вукову сакупљачку делатност био је тако огроман да би без тог утицаја једва била замислива појава српских народних пословица.

За тематику овог рада на располагању је био крајње оскудан материјал. У преписци између Вука и Грима, и њихових пријатеља и познаника, једва да се пословице и помињу. Грим је упутио Вука на који начин ће сакупљати народне пословице. Разговарао је са њим о сваком од његових дела, чим би се појавило. Кад је реч о пословицама, нема никаквог разговора међу њима о томе.

Кад је Грим писао предговор за немачки превод *Срйских народних йрийоведака и йословица*, стављао је тежиште готово искључиво на приповетке, помињући само узгред и пословице. Упркос томе, извесно је да је утицај Јакоба Грима на Вуков сакупљачки рад на српским пословицама не само уочљив већ и пресудан. То питање се не може заобићи. О њему се мора проговорити. Овај рад подељен је у више одељака. Тежиште је стављено на литерарне изворе као што је преписка између Вука Караџића и Јакоба Грима, Гримов предговор немачком издању *Срйских йрийоведака и йословица*, Вуково сакупљање српских пословица, Вуков речник, Гримов речник и Гримови чланци о немачким пословицама. Нарочито су коришћена Гримова писма Вуку у којима му саопштава метод и технику сакупљања народних умотворина. И то је било пресудно за целокупни Вуков рад на овом подручју. Подаци о заједничком раду Вука и Грима на сакупљању народних пословица доказани су многим цитатима, који несумњиво имају документарну вредност откривајући изузетно добро њихове додирне тачке и заједничка интересовања. Понегде је посебно обрађен Гримов однос према народним пословицама, а посебно Вуков, да би се упоређивањем њихових схватања истакло оно што им је заједничко као и оно што их раздваја у односу на народне пословице. Гримов подстицај за Вуков сакупљачки рад као и други облици сарадње обојице научника, изложени су у њиховим појединачним аспектима.

Што се тиче садашњих исраживања јужнословенских пословица, не постоји ниједно дело које би свеобухватно представило значај, настанак и даљи развој српских пословица које је Вук сакупио, али постоји већи број чланака и текстова који покушавају да обраде или објасне поједине пословице и њихове карактеристичности.

Однос Јакоба Грима према пословицама

Као иницијатори строгих научних метода у немачкој филологији и истраживању прошлости, браћа Грим су одиграла пресудну улогу и у развоју науке о народној уметности као самосталној грани. Матилда Хајн пише у свом тексту „Наука о народној уметности и њене методе":

„Они су први пут изнели на видело духовно-историјски оријентисане народне садржаје и тиме подстакли богат сакупљачки рад који је припремио материјал каснијим истраживањима и то не само на немачком језичком говорном подручју."[1]

Јакоб Грим, један од „зачетника науке о народној уметности", био је добар познавалац немачких и словенских пословица. У свом обимном делу, ипак релативно мало пише о пословицама у ужем смислу. Њега поглавито интересује пословица у народном закону, праву. У својој расправи „О поезији у праву" привлачи га „чулни елеменат" старог закона који се појављује у језику у правној употреби и као правни симбол. Утврдио је да се „обичаји, изреке и навике сеоског становништва не могу потпуно одвојити ни од старих прича и бајки нити од свеже природе старог закона"[2], наглашавајући како „потичу из заједничког извора". Одлучујућу улогу игра језик као везивно ткиво.

„Све што је сродно на свом почетку и својим унутрашњим бићем може се оправдати као такво грађом и бићем самог језика, хватајући корена у њему у најживотнијем додиру са стварима које жели да изрази. И тако успостављено сродство између права и поезије сеже до у најдубље темеље свакодневног језика."[3]

---

[1] Текст напомена стр. 195 и даље.

Језик се служи истим називима и речима да би изразио идеје закона и идеје песништва. Грим говори о поетском елементу закона:

„Поезији је, наиме, из основа природно и потребно да се чешће не задовољава изговореном реченицом већ је понавља још једном, да такорећи не може да стоји на једној нози већ потребује други ослонац да би доспела у свој мир и осећајност, ослонац у другој, сличној реченици. Чини ми се да се на овом принципу алитерације и риме поезија и закон битно додирују."[4]

У одељку у којем то разјашњава Грим говори о појединим поетским речима које су постале закон. А законска реч, по Гриму, није ништа друго до синоним за закон у пословицама. Поезија се очитује у говорном ткању и облику законске формуле о алитерацији и рими старонордијских, англосаксонских и немачких закона:

„Немачки закони садрже гомилу најлепших правила у којима је сваки пут унутрашње значење ствари изражено и обухваћено чистом сликом."[5]

Он истиче језичку моћ ових пословица наспрам правног језика:

„Наследство се преноси са мача на преслицу", при чему је преслица, код Грима, симбол женског рода. Ова пословица, коју је Грим увео, саопштава нам једну истину „далеко живље" него што је то био у стању да изрази правни језик. Грим је исправно схватио да је сликовитост пословица и начин изражавања у њима разумљив и делотворан:

„Рођаштвом се може назвати и иглено пријатељство јер се иглом везује оно што се држи и то изражава један закон, и сада, много свежије, садржи исту ствар, тј. оно што значе један другом пријатељи у невољи..."[6]

У правним поетским пословицама садржан је и „чулни израз" и једна интуитивност постигнута „згснутим речима", ношена дубоким осећањем. Испреплетеност поезије и права и њихови међусобни односи и утицаји веома су интересовали Грима. Ово интересовање води до његовог учитеља из прошлости Фридриха Карла фон Савињија, који је важио за оснивача историје правних наука а истовремено се показао веома пријемчивим за лепу књижевност. Његов утицај на научни развој Јакоба Грима био је одлучујући.

Грим је изучавао немачки језик, у свим његовим слојевима, правцима и испољавањима, и чврсто је закључио да немачки језик нагиње таутологији. Ова црта чинила је језик „посебно поетичним нарочито у старим епским песмама, старим повељама и законицима. Правни симболи – побожност, грамзивост, поштење, задовољство – све су то Гримови „докази", који се срећу у правним пословицама:

„Наследство не долази из дојки;
Дете опет пада у мајчино крило;
Окрвављена рука не узима наследства;
Последњи затвара врата; не иди полако преко моста;
Нагазиш ли моју коку бићеш мој петао;
Ниједна кокош не лети изнад зида;
Рука која није слободна вуче за собом слободну;
Шешир уз шлајер, шлајер уз шешир;
Оно од чега луча живи опасно је;
Црквено добро има гвоздене зубе;
Кокошка носи своју надницу на репу;
Ћерка ждере мајку;
Добар поздрав, добар одговор;
итд."[7]

Грим је касније обрађивао у делу *Старине немачког права* (1828 и 1854) управо правне пословице. Текст *О поезији и праву* написао је 1815, дакле, тринаест година раније него *Старине немачког права*. Оба рада разматрају првенствено правне пословице и основ су читавог његовог истраживања. У оба ова дела ознака имена за правне пословице је различита. У првом делу назива их „правне речи", у другом „формуле", како се назива и читаво једно поглавље посвећено правним пословицама. При раду на овом одељку, Гриму служе као подлога његови текстови из дела *О поезији и праву*, као што произлази из сличних или истих формулација или израза. Док Грим у „Поезији и праву" уводи пословицу:

„Наследство не долази из дојки"[8]

иста пословица појављује се у делу „Немачко право старина" у измењеном облику:

„Наследство не пада из дојки".[9]

Не само пословице већ и начин изражавања и изреке су предмет његовог разматрања. О томе пише Грим на почетку одељка:

„Она преовлађујућа жеља да се изрази нешто одређено уводи алитерацију и таутологију саме од себе у виду строгог формализма којег сада поближе ваља испитати. То се испољава у саставу слободних, поновљених и мисаоно умешних изрека... Гомила изрека одатле потиче. Мисаоно рухо шири се или се повлачи..."[10]

У делу *Закон немачких старина*, Грим се бавио следећим члановима правних пословица:

1. Изреке са алитерацијом, које су произашле из фризијског закона. Тврдио је да су немачке пословице са алитерацијом шкрте и за то наводи следећи пример:

„Што бакља прождире је опасно"[11]

2. Римоване изреке.
За њих наводи следеће примере:
„Јатаци су крадљивци."
„Јемца задавити треба."
„Колико усти толико фунти."
„За сваког госта три дана доста."[12]
И у српском језичком подручју познате су сличне римоване пословице:
„Сваког госта три дана доста."

3. Поновљени облик. Пословице и изреке без алитерације и риме:
„Ником није забрањено да се брани."[13]

4. У старим облицима уочљиво је убацивање мисаоне једноставности у додатни адјектив:
„Дан се каже *светло*,
Ноћ *тамна, црна*." [14]

5. Многи облици указују на „епски прости живот" и овакве форме су већ постале правило. Оне потичу из круга „чобана и земљорадника".

„Живот настаје у четири *ока*",
„Наследство не пада из груди"
„Ниједна кокошка не лети изнад зида"[15]

6. У правним пословицама за Грима битну улогу игра простор и време. Дошао је до закључка да су се оне „развијале из далеких времена и предела" а притом изградиле као ретки обрасци.

„Кад неко замахује батином, виче."
„А кад неко виче, чека."[16]

7. Облици пословица које су настале из нужде, невоље. У овим правним пословицама мајци малолетног детета је дозвољено да прода његово наследство да би му омогућила даљи живот.

„Имање продати због глади, зиме и..."[17]

8. Код пословица које је Грим означио као „закључне облике", служи се компаративним методама. Супротстављањем сличних пословица покушава да извуче мисаони однос:

„Ко више зна тај нека и казује."[18]

Овде су поменуте најважније пословице које су послужиле као пример и то онако како их је Грим разврстао.

За разлику од Вука, који је истраживао и сакупљао пословице из свог времена, и у којима је доминантан савремени, ондашњи језик, Грим је истраживао пословице из старијих времена остављајући по страни (ван своје пажње) савремени језик. Притом је тежиште стављао на немачко „старинско правно" подручје. Насупрот томе, код Вука пословице из области права нису играле никакву битну улогу. Грим је дошао до закључка да су многи „обрасци" (правне пословице) пропали током времена или су многе оштећене. Разлог се налази делимично у „непотпуном, мањкавом бележењу нашег (немачког) закона", а с друге стране у „лакомисленом презирању домаћег правног језика".

У оба теоретска чланка, која за полазиште имају правни основ и баве се умећем пословица, остало је сачувано историјско-филолошко разматрање. Грим никада није покушао да поруши мостове који су спајали сродне науке. Историја и право, језик и литература, остали су за њега предмети научног истраживања чија је вредност подједнако важна. Основно полазиште његове научне делатности карактеришу најнепосредније његове речи у предговору за дело *Немачко старинско право*:

„За дугог времена од хиљаду и готово две хиљаде година свуда је покидана читава гомила нити које се више не могу надовезати једна на другу а да се зато не препознају очигледни трагови њиховог некадашњег односа."[19]

Гримово бављење науком о пословицама није се ограничило само на ова два поменута дела. Он се упустио у два најважнија дела која се могу означити као камени темељци немачке и германске филологије. То су *Немачка граматика* и *Немачки речник*. У *Немачкој граматици*, у одељку о „вербалној композицији", Грим истражује порекло речи „пословица" и закључује да ова реч стоји у чврстој вези са глаголом „говорити" (sprechen) и да је одатле изведена.

Грим одбија употребу речи „sprüch-wort" и каже: „...nhd. sprüch-wort овако написана, чини ми се да је за осуду".[20]

Јакоб Грим је истраживао поетски елеменат у правним пословицама и показао како се поезија испољава у говорном подручју код правних образаца који су римовани и изведени алитерацијом. Његове филолошке студије чине основу његових правно-историјских излагања; и обратно, његово знање из права најраније историје, добродошло је његовим језичко-научним делима. Да би објаснио поједине речи и значења неких области служио се пословицама. Смисаони и садржински значај појединих речи и израза осветљен је пословицама и пословичним изрекама. У свом *Немачком речнику*, Грим, да би разјаснио реч „сироти људи", наводи следеће пословице:

„Сиромашни људи кувају ретку прекрупу";
„Сиромашном човеку сујета дуго не траје";
„Осиромашеним охолим људима ђаво брише задњицу";
„Сиромашни људи говоре много у врећу";
„У сиромаха уста кваре многе мудрости";

Да би нагласио сличност детета са мајком наводи многе „живахне изреке":

„Мајка ћерки гледа из очију";
„Ћерка је скројена из мајчиних очију";

Значење речи „јабука" објашњава следећим изрекама и пословицама:

„Загризао зелену јабуку";
„Јабука црвена, а ипак је у њој црв";
„Смежурана јабука не гњили брзо".

И Вук употребљава пословице да би нагласио поједине значењске садржаје. Тако у свом *Рјечнику* наводи за реч жена, следећу пословицу:

„Не стоји кућа на земљи него на жени".[21]

Или за реч „човек" (Mensch, Mann):

„Човек не може бити човек докле га жена не крсти"[22]
(Ein Mann kann nicht Mann sein bevor ihn nicht eine Frau getauft hat.)

Вук и Грим су пословицама и изрекама придавали велики значај. Обојица наводе пословице као примере да би осветлили поједине речи и мисаоне садржаје. Грим је, као и Вук, користио пословице као жив језички материјал; Вук, ако ћемо право, чинио је то далеко издашније од Грима јер их је употребљавао као изворни доказ, као усмено мисаоно предање. Српска књижевност коју је имао на располагању за тумачење речничког материјала, користила му је веома мало. Док се Грим, напротив, ослањао нарочито на писана дела. Неколико деценија пре Грима Вук је већ био преузео пословице као интепретативни материјал у свом *Српском рјечнику*. (Вук: Прво издање *Српског рјечника* 1818, а Гримовог 1852).

Грим је посматрао, баш као и Вук, саблажњиве речи (безобразне) као важан део језичког блага и није хтео да их се одрекне и не унесе у свој речник. Ипак, у односу на Грима, Вук је, због објављивања опсцених израза у свом речнику имао великих потешкоћа са српским духовницима вишег реда и са извесним слојевима српског друштва, тако да их је у својим каснијим делима – опирући се – све више изостављао. У свом *Немачком речнику* Грим је као језички материјал узимао далеко више саблажњиве обрте код пословица и изрека:

„Речник није никаква књига о моралу, већ научни правни подухват за све сврхе. Чак и у Библији не мањкају речи које су у фином друштву строго забрањене."[23]

Јакоб Грим је мишљења да речник у сваком случају мора да садржи саблажњиве изразе и речи које стоје као споменик у многим пословицама и изрекама; њихово изостављање само би умањило вредност речника.

„Речник, ако жели да буде сврсисходан, није ту да би прећуткивао речи већ да би их изнео на видело." [24]

Грим је – као и Вук – придавао велики значај језику пастира, ловаца, рибара, те самим тим, разумљиво, и опсценим изразима, које је изговарао „одвратни народ". Схватио је да иза ових „огољених значења речи лежи у основи оно што је и чулно и видљиво". [25] То је по Гриму прво и основно значење. И Грим се веома интересовао за опсцене речи. Тако, на пример, у писму Вуку од 22. децембра 1853. каже:

„Желео бих да Вас управо упитам за такву реч, која људима не прелази преко уста. За онанију постоји немачки израз који је и Вама добро познат (хладан сељак); познајете ли неки одговарајући српски или словенски израз? Јеб, није, то је уобичајено." [26]

У једном другом писму, поставио је Грим хипотезу да је српски глагол „јебати" (koitieren) „несловенски":

„Што сам више студирао српски језик (што ће се сигурно тек догодити) надао сам се да ћу ствари које сам више студирао моћи да изложим. – Не варам ли се у свом мишљењу, у вези са том орденом украшеном фразом или не? Глагол јебати? И – то нена – (мајке) је несловенски."[27]

Вук је покушао да поткрепи ову Гримову тезу у одговору од 14. новембра 1823, тврдећи да реч „јебати" или „јепсти" постоји код свих словенских народа у тој форми. Употребну функцију ове речи објашњава Вук у већ поменутом писму:

„Код нас је свакодневном употребом реч ј.б.ти постала погрдна. У 3-ем лицу псују не само – попови и калуђери – већ и жене и девојке (нпр. „јебо му пас мајку") а да се притом уопште не мисли на прави смисао те речи." [28]

Ако се Јакоб Грим и није бавио науком о пословицама ипак су његово интересовање и утицај на овом подручју значајни и нашли су, ипак, у његовом делу и у његовој сарадњи са словенским научницима који су му били пријатељи, своје место. То се може схватити из следећих чињеница:

1. У својим делима, у којима говори о пословицама назначићемо већ поменута дела:

а) Јакоб Грим; „О поезији у закону"[29]
б) Јакоб Грим: „Немачко право старина"[30]
ц) Јакоб Грим: „Немачка граматика"[31]

2. У сарадњи са словенским научницима, при чему се истичу два нарочито значајна словенска скупљача народних пословица:

Иван Михајловић Снегирев (1793–1868)[32], руски научник и професор на Универзитету у Москви, који је био први који је истраживао руске пословице. Гримова дела Немачка граматика, Немачка митологија и Немачко право старина послужила су му као усмеривач при истраживању и тумачењу руске народне митологије за време благдана и руских правних пословица.

Вук Стефановић Караџић, уз помоћ Јакоба Грима дошао је до сазнања како да прикупља српске пословице, због чега је највише заслужан за ширење и популаризацију истих и у немачком језичком подручју.[33]

Јакоб Грим и Словени

Јакоб Грим, оснивач немачке филологије, уважава се у данашњим истраживањима углавном са германистичког становишта. Тако је Грим као „слависта", пре свега као „србиста" сасвим потиснут у позадину. С пуним правом Грим се може назвати највећим покретачем славистике у 19. веку. Полазећи од солидног научног основа и доспевши до хуманистичког промишљања славистичког проблема, он је, као нико пре њега, својим делом и самом својом личношћу утицао на словенску филологију и то колико на дела из те области, толико и на људе из славистичког језичког подручја. За славистичке научнике Јакоб Грим је био учитељ и покретач, покровитељ и посредник. Као стваралац упоредно-историјске методе и својим главним делима *Немачка граматика* (1819–1837), *Немачко право старина* (1828), *Немачка митологија* (1835), *Немачки речник* (1852 фф) и најзад *Дечје и домаће бајке* (1812–1815), с правом се уважава као узор и највећи ауторитет на подручју науке о језику; у Русији су потпуно преузели његову упоредно-историјску методу створивши тако основ за развитак једне самосвојне науке о језику. Руска славистика, која је била још у повоју, оријентисала се претежно на главна Гримова дела.

Први непосредни додир са једном словенском земљом имао је Грим посредством романтичара Ахима фон Арнима (1781–1831) и Клеменса Брентана (1778–1842), који су 1811. боравили на породичном добру Брентанових у Буковану (Чешка). Тамо су Арним и Брентано подстакли везе између Јакоба Грима и Јозефа Добровског (1753–1829), који се сматра „оцем словенске филологије". Већ 10. маја 1811. Јакоб Грим пише Добровском:

„Уколико ми сада моји велики други послови допусте, желео бих да се бавим словенским језицима а због помоћи коју су спремни да ми пруже, вероватно ћу се бавити чешким. Морао бих стога нарочито бити срећан ако бих поседовао руске интересантне књиге."[1]

У почетку се развија жива преписка између Јакоба Грима и Добровског о чешкој литератури и језику, о старословенском, и словенској етимологији и другим Словенима. Извесно време Грим је у Добровском имао поузданог саветника по питању филологије. Ова веза ипак је ослабила кад је Грим упозно Копитара који ће отада бити одлучујући за Гримово славистичко интересовање. Грим се дописивао и са учеником Добровског, Вацлавом Ханком (1791–1861), као и са Франтишеком Ладиславом Челаковским (1799–1852). Челаковски је био сакупљач и издавач чешких народних песама. Од највећег значаја била је веза са најзначајнијим словачким славистом П. Ј. Шафариком (1795–1861). Гримов рани славистички период једва да би био замислив без надмоћног учешћа Добровског.[2]

Јакоб Грим је први пут дошао у везу са словенском интелигенцијом и словенским језицима у директном контакту на Бечком конгресу којем је присуствовао као секретар посланства Хесена у пратњи својих посланика.

„У лето, по повратку (из Париза) у Касел, дао сам се опет на припреме за пут, на Бечки конгрес. У Бечу сам провео од октобра 1814. до јуна 1815, време које није било бескорисно ни за моје приватне послове и које ми је прибавило познанство многих учених људи. Нарочита предност за моје студије био је такође и мој почетак упознавања са словенским језицима..."[3]

Беч је тада био најважнији политички и духовни центар не само за западне Словене већ и за јужнословенско подручје.

За Гримове славистичке студије од пресудног утицаја био је сусрет са Бартоломеусом (Јернејем) Копитаром (1780–1844). Срео је научника, који, како је сам касније рекао, „предњачи испред свих данашњих слависта".[4] Копитар је, слично као и Грим, студирао право, противно свом унутарњем осећању, да би ускоро прешао на филологију; Грим на германистику а Копитар на славистику. Копитар, као бечки дворски библиотекар и цензор за словенске књиге био је у тесној вези и добро упознат са свим што је словенско. Овог страсног и знањем богатог научника Јакоб Грим је назвао „monstrum scientiarum". Копитар је био човек који је одржавао везе са васцелим ученим светом свог времена нарочито са словенским научницима. Копитар је упознао своје немачке колеге и пријатеља Грима са нечим што је ван сваке сумње било изврсно: биле су то српске народне песме, и њихов сакупљач Вук Стефановић Караџић. Већ 1815. Грим је написао рецензију за Вукову малу српску народну књижицу (*Мала простонародна славено-сербска пјеснарица*). Од тог тренутка Грим одустаје од своје намере (1811) да се бави чешким и руским у корист бављења српским језиком. За Грима је српски језик био „чист, племенит" језик, јер „нема у српским земљама никаквих одвратних простачких наречја (дијалеката) барем не у тако јасној разлици као што је то овде код нас".[5]

Грим је неговао контакте са пољским и руским писцима и научницима: са Пољаком Војћехом Цибулским (1808–1867), славистом из Берлина и Бреславе и са варшавским историчарем права Вацлавом Маћејовским (1793–1883). А Гримова писма руским истраживачима указују на директне контакте које је имао са П. И. Кепеном (1793–1864), А. Ф. Хилфердингом (1831–1872) и И. М. Снегиревим (1793–1868). Из њих произлази да је Грим био познат у Русији двадесетих година 19. века захваљујући Кепену, који му је утро пут. Из ових писама може се закључити да је Кепен високо ценио Грима чије је методе и рад познавао и покушао да шири даље.

Кепен је издавао *Библиографске свеске* сарађујући са страним филозофима; у њима је објавио и један Гримов рад. Поред тога, Кепен је припадао тзв. „Румјенцевљевом кругу" који је одиграо улогу значајну за руска научна истраживања. Захваљујући угледу овог круга *Библиографске свеске* су наишле на добар пријем и имале великог одјека. Тако је Јакоб Грим први пут ушао у руски духовни свет. Грим је упознао неколико темељних радова о руском језику, као што је на пример руски „Петерсбуршки речник" (1787–1790), које помиње у свом важном чланку[6] „О пореклу језика" као и „Хронику о Нестору",[7] „Песму о Игору"[8] и руску граматику[9]

(Максимов, Евгениј Смотрицкиј). Гриму је у погледу руског језика недостајао неко, попут Копитара као посредника. Грим је одржавао само лабаве везе са немачким Русом Петером фон Кепеном. Кепен га је обавестио о дотичним руским истраживањима, а слао му је и руске књиге. Књиге, писма и личне тврдње руских научника потврђују колико је Грим био цењен и у Русији. Руски класични филолог и фолклорист Иван Снегирев који се са Гримом необавезно дописивао од 1832. пише му 1845:

„Сматрам Вас главним ослонцем и узором мојих истраживања која су посвећена народној особености моје отаџбине... Као путоказ за израду руске граматике послужила ми је Ваша граматика; и Ваша немачка митологија и старински закони послужили су ми као оријентир при истраживању руске народне митологије о благданским и правним пословицама, и најзад: „Ми смо толико задужени Вашим трудом, да Вас ја, високопоштовани господине, у име свих наших археолога најсвечаније уверавам у нашу захвалност."[10]

Чувени руски филолог и фолклорист Федор Иванович Буслаев (1818–1897) изричито признаје Грима кад каже да је он један од његових најревноснијих и највернијих присталица, да је Грим његов узор „како у науци тако и у животу".[11] Нешто слично може се рећи и за значајног скупљача бајки Александра Николајевича Афанасјева (1826–1871), за Александра Котљаревскија (нарочито за његово дело *Правне старине балтичких Словена*, (1874), за Исмаила Ивановича Срезневскијевог (1812–1880), Александра Потребња (1835–1891), за Александра Федоровича Хилфердинга (1831–1872), значајног петерсбуршког слависту коме смо пре свега захвални за његову велику збирку билина (Onežskie byliny, 3 том, 1873) које су изгледа биле најпре намењене Јакобу Гриму.[12] Руски научници су били у знатној мери подстакнути Гримовим делима и под његовим утицајем. Грим је уживао велики углед и имао великог одјека. То се односи како на науку о језику тако и на народне умотворине. Четрдесетих година 19. века „Гримовскаја школа" доспела је у Русији до општег признања и значаја.

Гримова *Немачка граматика* понудила је руским научницима најплодније подстицаје. Овом граматиком уведена је и основана упоредно-историјска метода. Ф. И. Буслаев бавио се сличним проблемима као и Јакоб Грим. Применио је сличну методу на руски материјал, дошао до истих резултата и заоденуо је у сличан облик као и Грим.

Херберт Појкерт у свом чланку „Јакоб Грим и Словени"[13] описује Гримов стваралачки узајамни однос према Словенима и разликује три етапе:

Прво, општа припремна фаза, која настаје 1811. познанством са Добровским и коју карактерише интересовање за славистику уопште са нарочитим тежиштем на старословенским и чешким проблемима.

Познанством са Копитарем, 1815. у Бечу, настаје друга фаза. Одлика ове фазе јесу – пријатељске везе са Вуком и широко оријентисање на јужнословенско, нарочито српско подручје.

Копитаревом смрћу, 1844, настаје трећа и последња фаза, у којој се Грим више не бави систематски словенском филологијом. Ово интересовање још није додуше сасвим угашено, али пријатељство са Вуком је још увек доминантно.

Вук Караџић и Јакоб Грим

Животни путеви Вука Караџића и Јакоба Грима текли су паралелно и имају много заједничког како у приватном животу тако и на подручју науке. Вук је рођен 1787, две године после Грима. Вук је умро 1864. године а Грим неколико месеци после њега. Обојица, и Вук и Грим, развијали су своју делатност под изванредним околностима: Грим у време ослободилачких ратова а Вук у време Првог српског устанка против Турака.

У 77. годишњи живот Вука Караџића били су утиснути трагови беде, рада и прогона, сталне борбе за голу егзистенцију, и са противницима реформе српског језика. Болешљиво чобанче, син сиромашног сељака, потиче из Тршића, малог села у западној Србији. Жилав, енергичан, научио је да чита и пише без икакве потпоре или редовног школовања. Упркос укочености ноге активно је учествовао у српском националном устанку (1804), све док на крају није морао да побегне у Беч због слома устанка. Обојица, и Вук и Грим, имали су потешкоћа са својим господарима; обојица су се неопозиво држала својих принципа храбро заступајући своје идеале. Грим је имао проблема са краљем Ернстом Аугустом, јер је 1837. потписао „Гетингеншки манифест"[1] Вук, такође, јер је у писму кнезу Милошу од 12. априла 1832. године из Земуна, који је био у саставу Мађарске, оштро напао његову бруталну и деспотску владавину. А за обојицу је, и за Грима и за Вука, језик био у средишту истраживања њиховог научног рада. Обојица су деловала на више подручја из области филологије и народне уметности, и имали су много нити које су их спајале и повезивале.

Вук није посећивао никакву школу а упркос томе био је зачетник темељних заокрета у културном животу српскохрватског језичког подручја. Са својом *Писменицом*[2] („Мала српска граматика" – 1814) и *Српским рјечником*[3] (Serbisches Woerterbuch 1818), прекинуо је са употребом „светог" славеносербског – црквенословенског, руског и српског, којим су писали ондашњи образовани Срби. Сви су се служили извештаченим правописом у којем готово двадесет слова није имало свој фонетски одговарајући звук. Прост народ није разумео овај књижевни језик иако је располагао читавим благом у народним песмама и бајкама, пословицама и загонеткама.

Отресити Вук, жељан знања, научио је немачки језик по сопственом нахођењу. Спровео је реформу језика и правописа упркос огорченом противљењу извесних образованих слојева (клера и писаца), кроз темељни принцип: „Пиши као што говориш и читај као што је написано". Овај фонетско--ортографски принцип спроведен је радикалним начином, тако да је сваком гласу одговарало само једно слово. Вукова правописна реформа нашла је присталице и код других народа, али ни у једном другом језику није тако консеквентно спроведен овакав фонетски начин писања. Вук је ово основно правило преузео од немачког истраживача језика Јохана Кристофа Аделунга (1732–1806),[4] чије му је главно дело „Опширна наука немачког језика" (1772) било веома блиско.

Вук је дошао у Беч 1813. године. Одмах након доласка, 1814. до 1815. Јакоб Грим је, као хесенски секретар посланстава, дошао на Бечки конгрес где су се водили преговори о новој организацији Европе. Тамо, у Бечу, „где се запад и исток најнепосредније додирују"[5]

Грим је упознао Бартоломеја (Копитара; 1780–1844). Копитар, који је био библиотекар и цензор за словенске књиге у Бечкој дворској библиотеци, упознао је Словене и Србе са идејама немачког романтизма. Године 1808. саставио је граматику словенских језика засновану на научној основи, и важио је за једног од најзначајнијих слависта свог доба. Копитар је скренуо пажњу на Вука кад му је овај показао манускрипт о једној политичко-историјској теми за новоосноване „Сербске новине". Догодило се то исте, 1813. године, кад је 26-ог Вук стигао у Беч. Копитар је одмах препознао његове изванредне способности и подстакао га да систематично ради на подручју језика и народног предања.

Осамнаести век био је на измаку а Ж. Ж. Русо, Ј. Г. Хердер[6] су се интересовали за оно исконско, просто-народско, за оно примитивно у животу народа и народне културе, што је водило новој процени и вредновању појава једноставног народног живота и њиховом испољавању у језику, песми, обичајима и свим његовим изражавањима.

Настао је читав нови талас интересовања, кад је Вук Караџић, 1814–1815, издао у Бечу своју прву збирку српских народних песама (*Мала простонародна славено-сербска песнарица*) а бечки слависта Бартоломеус (Јернеј) Копитар, који је Вука и открио, литерарно васпитао и помогао му да дође до признања, скренуо пажњу читавог књижевног света на ове песме, пре свега Јакоба Грима.[7]

Први контакти између Вука и Грима догодили су се посредством Копитара, који је током читавог свог живота остао са обојицом у тесним пријатељским везама. На Копитареву иницијативу, Грим је написао приказ прве Вукове збирке српских народних песама 1815. године у „Wiener algemeinen Literaturzeitung". Покретачка снага између Грима и Вука био је Копитар, мост између њих, који је научни рад обојице поставио на нове стазе и убрзао њихово лично пријатељство. Тако је настао један пријатељски и научни троугао који је трајао доживотно:

„Копитар и Грим, обојица мали телом а огромни духом, узели су у своје руке телесно слабог, хромог, али духовно необично живог, паметног и надареног Караџића и помогли му да победи не само у својој земљи већ да стекне светску славу."[8]

Односи између Вука и Грима нису се ограничавали само на чисто научно подручје. Грим је заложио сав свој ауторитет у корист Вука. Помогао му је својим препорукама, између осталих, и код старог Гетеа, и личним залагањем да би објавио своје књиге, да га признају као научника, и код академских кругова у Немачкој, и био је увек спреман да му помогне саветом и да делом стане на његову страну. Гримово интересовање за Вукове радове превазилазило је лични однос одразивши се како у посредном, тако и у непосредном подстицају:

1. Расправе и чланци о српском народном песништву и језику;
2. Преводи и популарисање српских народних песама;
3. Превођење на немачки и прерада српске граматике;
4. Уношење и превредновање упоредног јужнословенског материјала у сопственим делима;
5. У преписци између Грима и Копитара из које произлази несебична помоћ Вуку;
6. У преписци између Грима и Вука која представља спектар њихових комплексних личних и научничких односа.

Нису ни Вукови резултати били без значаја за Јакоба Грима. Његова помоћ Гриму у његовим научним радовима била је велика. У овој научничкој симбиози, искристалисало се неколико битних елемената, при чему су два доминантна:

а) Вук је предавао Гриму материјал из области народних умотворина, неку врсту сировог материјала који је налазио на српском тлу. У првом плану су биле народне песме и приповетке, пословице и загонетке. Овај српски материјал Грим је употребио у свом делу „Немачко право старина“, „Немачка митологија“, „Немачки речник“, итд.

б) Вук је разјашњавао Гримова питања која су се тицала чисто научно-језичких аспеката у српском језику: етимологију и карактер сличних речи, њихово значењско поље, употребну функцију, раширеност, а у оваквом односу разноврсне дијалекатске одлике; Вук је саопштавао Гриму граматичко и синтактичко познавање појединих речи и група речи дајући му притом подесне примере. Копитар је подстакнуо Грима да се позабави језиком. Грим је почео да учи српски 1815. да би могао да чита у оригиналу српске народне песме. Гримов однос према српском језику вуче корене из његове наклоности и одушевљења за српско народно благо, нарочито за песме и приповетке. Није ово одушевљење потицало само из Вукове снаге којом је зрачио. Грим му је узвраћао великим разумевањем и симпатијама и био спреман да сваког тренутка пружи свом добром пријатељу сваку помоћ. Колике су биле ове наклоности и слабости за Вука, показује и следећа тврдња из преписке Грима и Лахмана, где Грим чак и онда, кад је притиснут недостатком времена не може да одбије Вукову молбу да преведе његову српску граматику на немачки језик.

„Све време сам био подобро заморен радом на српском речнику при чему ме је поново узбудила новоштампана свеска пуна изванредних песама и Вукова посета. Учинио је тиме велику услугу себи јер сам његову српску граматику у лошем и неразумљивом преводу на мађарски поново прегледао и преправио. Нисам могао то да одбијем.

Пре много година бавио сам се ревносно овом ствари у Бечу читајући песме помоћу Волтићијевог речника. Није ми дакле, било тешко да се удубим у то. Сматрам да је међу свим словенским језицима, дијалекат оно што је вредно сваке хвале."[10]

Грим се бавио тако интензивно српским језиком да је био у стању да чита српске песме у оригиналу. Располагао је основним знањем из српске граматике и синтаксе. Вукову српску граматику није само превео на немачки, прерадио и допунио већ је написао и предговор и оценио. У средишту Гримовог научног и језичког истраживања су свршени и несвршени глаголи.

„Оно што ми изгледа најизврсније, то је потпуна способност сваког глагола да изрази разлике у временима."[11]

Вуков *Српски рјечник* је био Гриму веома близак. У сваком случају, приметио је да недостају објашњења за српске свршене и несвршене глаголе:

„Речник то не објашњава довољно јер постоји садашње време „станем", што је уобичајено, али поред тога пише равноправно „стојим" (гр. LXVIII) од глагола „стајати" и даље „стадем"?[12]

Врсте дејства,[13] што је битно својство српских глагола а што српском језику даје нарочито сликовито и звучно обележје, везали су Гримову пажњу. О томе обавештава свог пријатеља Лахмана:

„Да се наш језик, на пример, чак и не разликује од словенског по себи (више у синтакси него у *тако* плодној науци о глаголским облицима) зар се то онда не би догодило у погледу свршених и несвршених глагола? На први поглед ствар је тако туђа нама Немцима да ми без примера ништа о томе не разумемо: глагол „sterben", би био несвршени у значењу – умирати – а глагол „versterben" – свршени у значењу „умрети". А на питање: шта он ради? могуће је дати одговор несвршеним глаголом: он умире а не перфектом, односно свршеним глаголом: он је умро. Облик садашњег времена свршених глагола лако добија значење будућег времена (футура). На пример: путоваћу се каже „proficiscor", али „отпутоваћу сутра" је такође „proficiscar" али без оног „сутра".[14]

Копитар, који је био „лепа спона"[15] између Вука и Грима непрестано је обавештавао Грима о Вуковом тренутном положају и подстакао га да заложи свој ауторитет да би Вук учврстио своје место поборника за увођење народног језика у борби са српским духовним противницима. Било је потребно да неки несловенски ауторитет изрази отворено поштовање према српском реформатору језика, да би се ојачале Вукове моралне снаге и да би се отупела оштрица Вукових противника:

„Вук је постао доктор филолошких наука у Јени.[16] Али пошто Гетинген овде има већу репутацију откад је Вуков противник (преко Rumy-a), карловачки митрополит (папа),[17] постао чланом Гетингеншког друштва то би за ствар српског дијалекта била велика победа кад би Вук у непристрасном гетингеншком друштву био нешто као митрополит. Tu videas velim de his. Буде ли се гледала стварна заслуга за науку, онда је Вук има више од папе: митрополит ће истицати тежину гетингеншког друштва и част која му је указана а тиме ће у јавности утолико више утицати и на литературу која се зачиње на његовом језику. Али ако и Вук постане члан овог друштва, онда ће они барем са те стране бити исти."[18]

Грим је заложио сав свој ауторитет и преко професора Ајхорна утицао да Вук буде изабран за члана Друштва научника у Гетингену (1824). Тиме је Стефан Стратимировић, митрополит мађарских православних Срба и Вуков главни противник задобио ударац у најосетљивије место.

Вук је имао два главна противника: српско свештенство и кнеза Милоша. Српска духовност је дигла свој глас против Вукове језичке реформе пошто се осећала угроженом у својој основи. Али Вук није сам. У његовој невољи Грим и Копитар га не остављају на цедилу.

Копитар 4. фебруара 1819. већ пише Гриму и указује му на опасност која прети Вуку:

„На челу наших противника стоји високи клер наше цркве. Они не желе да свака паметна глава пише већ само онај ко је нострандус."[19] Вукова борба са српским духовницима није оставила Грима равнодушним. У једном писму Копитару солидарише се са Вуком:

„Жалости ме Вуков удес, како само могу да га криве са таквим жаром? И у чему је његова кривица? Узношење презреног језика на ниво књижевног не може тако да наљути противнике. Нису ли то у питању слободне речи и изрази?[20]

Грим, који је интензивно радио на превођењу на немачки језик Вукове *Мале српске граматике*, пише Лахману:

„Србица ми је узела четвртину године ипак се не кајем и завршићу је за четрнаест дана. Главна услуга је тиме учињена Вуку, прогоне га свештеници, нарочито карловачка Митрополија...“[21]

Други главни Вуков противник био је кнез Милош Обреновић. У писму од 12. априла 1832, Вук између осталог, пише Милошу:

„...да је свакога владаоца права полза само оно што је полезно и за његов народ: а што је год његовом народу на штету оно ни њему никако не може бити на праву ползу“.[22]

Необразовани кнез Милош, који чак није умео да чита и пише, борио се против Вука свим средствима која су му стајала на располагању. Митрополит Стратимировић и читава православна хијерархија у Мађарској искористила је ову чињеницу да се још више бори против Вука и његове реформе језика. На Вуково наваљивање Грим је, додуше нерадо, посветио[23] немачки превод *Мале српске граматике* кнезу Милошу у нади да ће тако олакшати Вуков положај. У предговору граматици Грим узбуђено пише о прогањању Вука:

„Тек се у нашим данима један једини човек подухватио да из понижене и умртвљене Србије са умртвљеним српским језиком, спасе српски језик и то са таквим успехом чија вредноћа више пада у очи изван Србије него у његовој домовини што само доказује шта неуморни, ревносни труд и срећна радиност могу постићи за кратко време. Чиме би у другим земљама добио круну јавног признања у његовој отаџбини су га прогонили.“[24]

Вук је у Гриму видео правог пријатеља, на кога је увек могао да се ослони. За узврат, Грим је добијао дубоку захвалност. Србин је стално наглашавао да он има да захвали Гриму за „превредновање свих вредности.“[25]

Вук и Грим су радили заједно и као преводиоци. Вук је познавао своје сопствене слабости и могућности при превођењу са српског језика. Мањкаво познавање немачког језика присилило га је да преводи дословно, да оригинални текст преведе буквално. Био је свестан тога да његове преводе мора да побољша неки бољи познавалац немачког језика:

„Већ сам Вам превео неколико буквалних ствари из свеске II (али ви умете боље да преводите од мене)."[26] Вук је био увек изнова изненађен Гримовим знањем српског језика:

„Ваш предговор је десет пута бољи и важнији од моје граматике и речника. А и о партикулама знате много више него што је у материјалима које сам Вам послао."[27]

После првог сусрета са Гримом (1823), кад је добио на увид песму „Диоба Јакшића", Вук је писао Копитару:

„Ја нијесам никад могао мислити да Грим оволико зна српски."[28]

Грим је волео српски језик и поредио га је са немачким.

„А наш језик је много расплинутији и није више тако чист као што је српски."[29] Грим се огледао и као преводилац српских народних песама. Превео је и објавио у џепном издању „Зенгерфарт"[30] „Деветнаест српских песама" (1818), три године након што је почео да учи српски. То су његови први преводи са српског језика. Превод песме „Диоба Јакшића" послао је Гетеу. О проблемима превођења Грим пише у „Wiener allgemeinen Literaturzeitung":

„Немачкој ће добро доћи дослован, веран и готово интерлинеарни прозни превод, који би био од помоћи студијама српског језика овде. Не можемо да захтевамо школски тачан превод у смислу новијих садржаја и облика јер га ми по себи сматрамо бесмислицом."[31] Затим указује на тежак проблем око превођења честих српских деминутива:

„... често су деминутиви у супротности са нашим народним духом и нашим језиком. Они кажу „земљица", „цветак" а притом не желе ништа друго да кажу осим да се ради о земљи и цвету."[32]

Иако Вук није у потпуности владао немачким језиком и увек је морао да се ради редактуре обраћа Копитару или Гриму – ипак је Грим одобравао његове језичке покушаје: „Допао ми се један покушај простог и неурешеног превода на немачки језик."[33]

Слична судбина, затим исти језичко-научни интереси, заједничка љубав према народном стваралаштву, Гримова пожртвована помоћ и савети, његови подстицаји, подстреци и методска упутства које је давао Вуку при сакупљању народних умотворина и језичко-научног материјала, морална подршка у борби са противницима Вукове језичке реформе, све ово је учврстило пријатељство између Грима и Вука. Ово пријатељство се огледа у њиховој преписци. У писму од 25. маја 1845. Гримово пријатељство и љубав према српском народу и његовом језику, врхуни у овим речима:

„Нека Србији, Вашој драгој отаџбини, буде увек боље."[34] А Вукове речи из следећег писма показују оно што је Грим учинио за Вука и српски народ као и Вукову захвалност:

„Примио сам и Вашу рецензију на II и I свеску песама и стога Вам се хиљадоструко захваљујем у име свих Срба, који воле свој језик и нацију."[35]

А у једном другом писму вели:

„Остајем ја вечито Ваш дужник једним делом због почасти које сте указали мојој нацији и језику и мени..."[36] Најзначајнији Вуков биограф, Љубомир Стојановић пише у свом делу „Живот и рад Вука Стефановића Караџића" следеће речи признања за Грима:

„Нема сумње Грим је поред Копитара највише учинио да се међу Немцима рашири знање о Србима, о српском језику и о српској литератури..."[37]

Јужнословенске народне пословице пре Вука Караџића

Уметност српских народних пословица неодвојиви су део јужнословенских пословица; повезане су са њима органски и чине битан део јужнословенских умотворина. Ова чињеница се испољава у обостраном прожимању и плодоносности. Јужнословенске народне пословице пре и после Вука темељно су испитане и истражене у југословенској фолклористици. Мали део прибелешки о јужнословенским пословицама из ранијих периода раштркан је по старим књигама а онај знатнији, рукописни део, био је раритет и у ондашње време и потпуно је пао у заборав; најважнији део ових пословица је изгубљен заувек, без икаквог трага.[1]

Прве назнаке историјског настанка јужнословенских пословица нађене су на приморју данашње Југославије. Тамо су каснији књижевници веома често убацивали у своју прозу и поезију, у научне и забавне списе, пословице које су се до данас задржале у веома незнатном броју. Један од првих скупљача народних пословица, према до сада пронађеним изворима, био је Јурај Шижгорич[2] (око 1420–1506), хуманиста и песник из старог Шибеника. Он је сакупљао „Илирске пословице" и преводио их на латински. Следили су га Дубровчани Стијепо Бенешић (1545–1608) и Бернард Ђурђевић (1621–1687). Прва сачувана збирка јужнословенских пословица потиче од једног Немца. Немачки лексикограф и историчар Хијеронимус Мегизер (умро 1615), познат као аутор првог јужнословенског речника (Dictionarium quatuor lingyarum, 1592), унео је осамнаест словенских пословица у своју обимну, многојезичну збирку[3] *Пословице* (1. издање: 1592, 2. издање: 1603). Тек после тога, крајем 17. века појављује се друго издање јужнословенских пословица које потичу из Дубровника[4], које се данас чува у загребачкој Универзитетској библиотеци као манускрипт.

Социјални, културни и привредни живот, комплексан због сталних немира и ратних сукоба са страним силама, узроковао је у јужнословенским пословицама једну многострукост у погледу језичких варијанти које су нашле свог одраза у следећим делима:

1. У јужнословенским романима средњег века, нпр. у роману *Живот Александра Македонског*, итд.

2. У делима дубровачких и далматинских песника, комедијама проповедника и моралиста као што су били: Шишко Менчетић, Џоре Држић, Петар Зоранић, Марин Држић, Динко Рањина, Динко Златарић, Петар Хекторовић, Мартин Бенетовић, Џиво Гундулић, Џоно Палмотић, Петар Кнежевић, Андрија Качић-Миошић, Ђуро Ферић, Франческо Мариа Апендини и други.

3. У појединим трактатима и коментарима српских и хрватских писаца 17, 18 и 19. века као што је нпр. Павле Ритер Витезовић, Гаврило Стефановић-Венцловић, Доситеј Обрадовић, Тома Миклошић, Милован Видаковић итд.

4. У збиркама пословица Вукових претходника, хроникама непознатих дубровачких сакупљача, затим код Ивана Алтестиа, Јована Мушкатировића, Штефана Ференчевића и др.

Разноврсне варијанте ових пословица, њихова разгранатост и међусобна испреплетеност најразличитијих културних, политичких и социјалних утицаја уз то и читав низ субјективних и објективних разлога довели су дотле да ми до дана данашњег немамо свеобухватан приказ настанка словенских пословица у њиховим фазама.

Вукови извори и подстицаји

Да би се истражила и вредновала Вукова делатност на пољу сакупљања српских народних пословица, веома је важно открити основне темеље и изворе које су користили његови претходници и подстрекачи а који су ударили печат Вуковом сакупљачком раду на пословицама. Кад је започео да сакупља српске народне пословице није располагао ни са довољно искуства нити је имао теоретска предзнања о уметности народних пословица. За оно време то није било ништа необично, јер су, због бруталног турског поробљавања и непрекидних борби српског народа за његову националну егзистенцију биле онемогућене културне и литерарне комуникације, као никад до тада. Разлог, због којег су у Вуково време изрониле многе српске пословице био је тај што је била образована српска држава под Карађорђем[5] и кнезом Милошем. У Вуковом сакупљачком раду на пословицама издвајају се две компоненте вредне пажње, које су утицале на његову сакупљачку делатност и одредиле је.

Као прво била су то дела његових претходника, који се могу означити као његови извори:

Доситеј Обрадовић
Јован Мушкатировић
Стефан Ференчевић
Francesko Maria Appendini
Ђуро Ферић;

а друго, били су то Вукови помагачи односно сарадници, који су по његовом налогу уносили српске пословице у своја дела:

Вук Поповић
Вук Врчевић
Јован Стејић
Јован Поповић
Ђорђе Протић
Андре Стазић
Димитрије Поповић
Максим Шкрљић
и многи други непознати.[6]

Даље је Вук слушао пословице од кнеза Милоша и његове околине и записивао их. Аница Шаулић[7] наводи, да је Вук пре првог издања својих пословица (1836) дуже време располагао рукописном збирком Самуила Илића, игумана и професора теологије.

Међу Вуковим најзначајнијим претечама су Доситеј Обрадовић, Јован Мушкатировић и Francesko Maria Appendini.

Доситеј Обрадовић (1742–1811)

Енергични бранилац и присталица идеја Просветитељства, посејао је по својим делима око стотину пословица од којих је Вук преузео двадесет и осам. Ево неколико примера: из *Совјети здраваго разума*:[8]

Што дикла навикла то невјеста не одвикла;
из *Басни*:[9]
Ко за туђом вуном пође тај остpижeн кући дође.
Из *Мезимца*:[10] Очи свашта виде, а себе не виде.
Из *Живота и прикљученија*[11] и *Етике*[12] Вук је такође преузео неколико пословица.

Постоји читав низ пословица код Вука (око педесетак), које у већој или мањој мери одскачу од оних код Доситеја. Мирослав Пантић је мишљења да се ту ради само о варијантама или о Вуковој сопственој стилизацији, тврдећи да је Доситеј послужио Вуку као изворник.[13]

Следеће пословице потврђују овакво схватање:
Доситеј: Идући по трагу нађе човек зеца.
Вук: По трагу се зец нађе.

Вук је веома ценио Доситеја али нигде не помиње да је у својим делима пруезимао пословице из Доситејевих дела.

Јован Мушкатировић (1743–1809)

Адвокат из Сенте издао је две збирке пословица: Причте или по простоме пословице",[14] (Приче или просто пословице, Беч 1787; Будимпешта 1807).

Ознака „причте" требало је да читаоцу скрене пажњу на то да су пословице настале из прича. Мушкатировић је педесет година пре Вука објављивао пословице. Не само у Срба већ код свих Јужних Словена он важи као први сакупљач народних пословица. Мушкатировићеве збирке биле су за Вуков сакупљачки рад основни извор и од њега је преузео већину пословица (око 1160). У предговору I издању *Српске пословице* (Цетиње 1836), Вук признаје да је користио Мушкатировићеву збирку.[15]

„...узео сам само оне за које сам слушао да се по народу говоре и за које нико не може рећи да су срамотне."

Како се то пруезимање одвијало очигледно је на следећим примерима:

а) Кога калуђери бију и свиње дрпају
не треба му горе невоље.[16]

Ову пословицу Вук је преузео непромењену.

б) Вук је мењао екавски облик придева „леп" у ијекавски:
М: И пањ је *леп* обучен и накићен.
В: И пањ је *лијеп* обучен и накићен.

ц) Вук мења само ред речи
М: Јефтин еспап само празни кесу.
В: Јефтин еспап *кесу* празни.
М: Ко се врабаца *боји*, проје нек не сеје.
В: Ко се *боји* врабаца проје нек не сеје.

д) Измењени су облици појединих речи:
М: *Мучно* је псето с мачком и курјака с овцом помирити.
В: *Тешко* је псето с мачком а курјака с овцом помирити.

е) Вук стилизује поједине елементе речи:
М: Није за ћелаве чешаљ *кано* ни за слепца огледало
ни за глува свирач.
В: Није за ћелава чешаљ *као* ни за *слијепца* огледало
или за глуха свирач.

ф) Понекад Вук битно мења пословицу:
М: Мучно се је кадијом назвати, а већ после
доста је и *сира* и масла.
В: Тешко се кадијом назвати, а онда доста и *меда* и масла.

г) Вук преузима поједина Мушкатировићева објашњења али их преформулише:

И вода зубе има.
– сирјеч: што се често пере, *фришко* се подере.
И вода зуб има.
– тј. што се често пере *брзо* се подере.

Насупрот Вуку у друго издање своје збирке пословица Мушкатировић је унео, поред српских, и један број немачких, енглеских, француских, латинских, румунских, мађарских, словачких, па и црквенословенских пословица, па чак и једну „шлеску".

Вук је дао много шире објашњење својих пословица од његовог претходника Мушкатировића.

Некад су то потпуне народне бајке, дате до у појединости, или пак испричане у главним цртама, објашњења народних обичаја и навика као и благослова, заклетви, гатања, клетви, сећања, успомена, или описи истих, које је Вук лично доживео, видео или чуо.[18]

Поједине пословице Вук није преузео од Мушкатировића мада су оне биле раширене у народу:

Уздај се у се и у своје кљусе.

Од мека образа девето копиле.

Вук се у својим пословицама обазирао на духовност. Док је Мушкатировић, напротив, био антиклерикалан и антирелигиозан, као и Доситеј:

Гладан, и патријарх хлеба ће украсти.

Мушкатировићеве пословице намењене су онима који захтевају пост али га се сами не придржавају:

Није грех у јелу већ у злу делу.

Ласно је с пуним трбухом пост хвалити.

Мушкатировић је за Вука био узор и извор. Из његове збирке пословица није само научио метод већ и начин рада за свој каснији паремиолошки (скупљање пословица) рад. С правом је речено за Мушкатировића да је инуитивно спознао значај народне мудрости и народног језика.

Francesco Maria Appendini (1768–1837)[19]

Полихистор, дубровачки многозналац италијанског порекла, прикупио је стоседамнаест „илирских" пословица (provverbi illirici) које је унео као примере за своју „Граматику илирског језика", које је Вук користио као изворни материјал. Вук је имао прилику да га лично упозна у Дубровнику. Од њега је преузео 47 пословица:

а) Неке је узео у њиховом првобитном облику:

Соко перјем лети а не месом.

б) Већину Апендинијевих пословица Вук је незнатно кориговао:

А: *Чијем* се коза дичила, *тијем* се овца срамила.

В: Чим се коза дичила, *тим* се овца срамила.

Некад су Вукови захвати радикалнији:

А: *Ткогод* се и за *лис скрије*, а *ткога* не може ни дуб да *сакрије*.

В: *Неко* се и за *лист сакрије, а некога* не може ни дуб да *покрије*.

И Стефан Ференчевић,[20] свештеник из Сомбора, који је живео у првој половини 18. века послужио је Вуку као извор. Од њега је за свој *Први српски буквар* 1827, преузео пословицу:

У лажи је плитко дно.

Касније је Вук преузео од њега још седам пословица:

Сиромаштво и кашаљ не даду се сакрити.

Дрво се на дрво наслања а чоек на чоека.

Боље је поклизнути ногом него језиком.[21], дубровчанин (Rhacusani), *Fabulae ab illyurcis adagiis desuptatae; Adagia illyricae lingue fabulis explicata*, налази се у архиву фрањевачке библиотеке у Дубровнику.

Од дубровачког песника Ђуре Перића (1739–1820) за своју прву збирку пословица (Цетиње, 1836), Вук је преузео само четири пословице од којих две гласе:

Стар пас кад лаје свјет даје

Сухој земљи и слана је вода добра.

Сви ови извори били су грађа за пословице, за више од једне четвртине (1245) оних које је Вук сакупио и сабрао при чему их је узео из литературе а не из усменог народног предања.

Утицај Вука Караџића на српске пословице

Од самог почетка Вук је поклањао највећу пажњу пословицама. Пословице и народне песме, бајке и језик, обичаји и навике, били су за Вука језгро српског народа. Копитар и Грим су га подстакли да сакупља српске пословице. Једно Копитарево писмо Вуку, од 12. маја 1815, даје доказе за то:

„Овом приликом Вам достављам Гримов позив. Друштво интересују народне ствари, пре свих, нације. Из тога ће сагледати шта немачки народ још може да добије."[1] На завршетку Бечког конгреса, 1815. године, Јакоб Грим упућује позив присутнима да сакупљају народне умотворине, чак је покренуо гро научног скупа, да би требало да сакупљају народне умотворине и да искористе њихову вредност.[2] У том смислу Грим се 2. априла 1815. обраћа Вуку писмом. Овај позив на сакупљање народног блага није за Вука био „први, почетни замајац"[3] за сакупљање српских народних пословица и других народних умотворина, већ и драгоцено упутство око методе сакупљања, које му даје пријатељ, искусан у техници самог сакупљања. Копитар, и сам подстакнут Гримовим писмом препоручује Вуку да сакупља пословице:

„Поред народних кажа требало би да издате и једну збирку чисто српских народних пословица; не као што је чинио Мушкатировић преводећи их са немачког, латинског, мађарског итд., већ само оне које се могу чути у српском народу. А за неке, као што су басне или национални обичаји, не би било наодмет, написати неколико редака објашњења (нарочито за нас, несрпске Словене)."[4]

Копитар не може остати непоменут као веза и посредник између Вука и Грима. На обојицу је извршио велики утицај покренувши их на још дубље и плодније пријатељство и заједнички научни рад на сакупљању народних пословица. Љубомир Стојановић[5] и Макс Вазмер[6] указали су на то, да је читаво Вуково дело – сакупљање народних песама, касније и приповедака, и пословица, стварање речника и граматике, превод Новог завета на српски језик – остварено планом којег је оформио Копитар и, делимично, Јакоб Грим. Ватрослав Јагић[7] се придружује овом схватању да је Копитар био иницијатор уношења богатих народних умотворина и фолклористичких материјала у речник.

У првом издању својих пословица, у обавештењу[8] налазимо речи о времену тог сакупљања:

„Ја сам још од године 1814. почео бележити кад ми која од они пословица, који у књижици Мушкатировића нема, на ум падне, или је од кога чујем, и већ сам ји до сада накупио више од иљаде."

Ово обавештење је важан доказ прво стога што нам даје податак кад је Вук почео да сакупља пословице а друго, како је притом поступао. Карактеристично је следеће обележје: Вук је нотирао пословицу, која му је била блиска, тј. која му се допадала; затим пословице које је у погодним приликама чуо од других; и најзад, ту су пословице које је преузео од својих претходника, односно подстрекача. У предговору првом издању својих пословица Вук пише:[9]

„Ја сам пословице наше почео скупљати још прије 20 година, кад и пјесме и ријечи."

Ове две противречне изјаве Вукове не дају никакав сигуран доказ кад је он заиста почео са сакупљањем; ни Копитарев подстицај од 11. априла 1815: „поред народних кажа требало би да издате и једну збирку чисто српских народних пословица".[10] Мирослав Пантић[11] је мишљења да су прве забелешке српских пословица везане за године у којима је Вук интензивно радио на свом *Српском рјечнику*, дакле пре 1818. Вук обавештава да се са пословицом срео још у најранијем детињству и то у свом родном месту Тршићу. Објашњавајући пословицу:

„Вид'ла жаба да се коњи кују па и она дигла ногу",
пише:

„Ја сам ову пословицу слушао још као мало дијете у Тршићу; а сада 8. маија 1835. чуо сам је у Перасту од једне средовијечне жене."[12]

Вук, који је познавао пословице још од детињства, никад се више није од њих одвојио. Пословица је са њим срасла, испреплела се чврсто са њеоговим делом. Српска народна пословица била је његов верни сапутник и обележила читаво његово биће. Пословицом, која је у његовом животу била тако многострано делотворна, он је писао, мислио и говорио. У писму Јакобу Гриму од 3. фебруара 1825. пише:[13]

„Веома сам срећан што сам се много бринуо око предговора за граматику. Српски се каже: кога су гује клале и гуштера се боји."

Пословица је борбено оружје у жестоким и страсним полемикама као и у препиркама са непријатељима али и са пријатељима. Да би одбранио свој речник често је знао да каже: „Вичите ви колико год вам је воља. Код нас Срба често се каже: „Ко се плаши врабаца нек не сеје кукуруз а ја не желим да будем ни игуман ни прота."[14]

Као што је сакупљао пословице тако је Вук сакупљао и други језички материјал као што су народне песме и приче. При руци му је увек био велики, пресавијени лист хартије. Користио је притом сваку прилику која му се пружала у разговору са старијим људима и на путу да забележи неку нову реч или нешто занимљиво. Значајан део у том материјалу заузимају пословице.[15] Ове пословице сакупљене на брзину нису биле увек беспрекорно пренете и често су остале без икаквог коментара или објашњења. Бележење и сакупљање српских народних пословица било је веома напорно и што се тиче њих ишао је напред корак по корак. За Вука је овај посао био мучнији од рада на сакупљању приповедака и народних песама. У писму Копитару, од 20. априла 1815, вели:

„Пословице се тешко купе, јербо то мора човек да чека док когод рекне."[16]

Комплексност рада на сакупљању српских пословица потврђује и један други Вуков исказ, око петнаест година касније, у предговору[17] првом издању *Збирке народних пословица*:

„За пјесме и за приповијетке може чоек кога питати да му их каже; али за пословице не може (као ни за ријечи), него, кад се с ким говори ваља пазити и чекати док се која рекне у разговору."

У предговору првом издању *Збирке пословица* Вук се изјашњава о њиховој подели:

„Пословице би се могле раздијелити на више редова, а особито на праве пословице, које се свагда једнако говоре, нпр: Тешко лонцу из села зачине чекајући!"

За другу групу Вук каже:

„И на онаке које се различно говоре."

А као пример наводи следеће: „Превео би жедна преко воде."[18]

Вук не наводи увек изворе са којих је узео пословице. Однос пословице према причи, односно бајци, играо је код Вука значајну улогу, као и код Мушкатировића, који му је несумњиво био узор. О томе Вук пише у свом предговору 1836:

„Код ђекојих пословица (ђе сам знао) додао сам приповјетке од којих су пословице постале, и по којима ће читатељ ласно моћи дознати о каквим догађајима оне пословице сад говоре (понајвише је обичај да се уза сваку овакву пословицу цијела њена приповјетка најпре приповиједи.)"[19]

Однос: Пословица – прича – стварни догађај код Вука су пропраћени напоменама о локалном колориту (баш као и код Мушкатировића) појединих предела, као што је случај са овом пословицом:

„Откини псу реп, пас те пас. (У Дубровнику)

Жене се бију чибуком а људи ножем али пушком. (У Црној Гори).[20]

У *Срйском рјечнику*[21] Вук употребљава пословицу као средство да би појаснио речнички материјал поступајући притом као Јакоб Грим у његовом *Немачком речнику*. Вук се не плаши да уведе и опсцене изразе:

„Ласно је туђим к...ем глогиње млатити."

Вук није био начисто са етимологијом речи „пословица". У предговору првом издању својих пословица каже:

„Колико ја знам, у народу не постоји назив за „пословицу" већ, кад неко употреби неку пословицу, уобичајено каже: „Што се каже".

Или „Што кажу стари."

Или „Како су старе жене имале обичај да кажу."[22]

Реч „пословица" није уведена у српски језик од речи „посао", мада има читав низ њих којима се описује процес рада или га представља или стоји у некаквом односу према „послу". Сви знаци указују на то да је битна одлика пословице, „сећање" на одређени догађај или случај од којих је настала прича, и која се у народу ширила и била омиљена. Тако је нпр. дубоко укорењено неповерење према Турцима код Вука изражено пословицом:

„У Турчина вјера на кољену."

Ова пословица, као квинтесенција стварних догађаја, жели да опомене Србе да не верују Турцима пошто је њихова вера на колену, а колено је покретљиво. Употреба и говорна ситуација ове метафоричне пословице представља сећање на речи неког човека, који је описао одређени догађај из времена турске владавине. Реч „пословица" доспела је у књиге из руског језика, у списе учених српских кругова, и дуго није имала приступа народском говору. Реч „слова" у старосрпском као и у данашњем руском је значила „речи", тј. српска реч „пословица" у ствари обележава оно што се нарочито наглашава „после речи" неког очевица или учесника у некој одређеној ситуацији, што се исприча неком згодном приликом, и што се са претеривањем и јаким нагласком понавља.

Карактеристично је за Вука да он реч „пословица" употребљава од самог почетка; тако у писму Копитару од 20. априла 1815, каже:

„Пословице се тешко купе..."[23]

Све његове збирке носе назив „пословице".

Вукови непосредни претходници такође употребљавају термин „пословица": Захарије Орфелин (1726–1785), даље Доситеј Обрадовић (1742–1811) и Јован Мушкатировић (1743–1809). Термин „пословица" се не употребљава у старијим списима јужнословенских писаца. Напротив, она се парафразира. Код Шишка Менчетића (1457–1527) стоји „рич одвијека"; Динко Рањина (1536–1607) пише: „веле сви": Марин Држић (1508–1567) каже: „оно штоно се рече", или: „није заман речено".

Смисаони и значењски садржај пословице код Вука, осветљен је у излагању о српским пословицама:

„Не само што се у народним пословицама налази превелика мудрост и наука за људски живот на овоме свету, него оне показују и народни разум и карактер, а улоге ударају и у народне обичаје."[24]

На другом месту каже: „У овој ће књизи читатељи наћи примјер нашега чистога народног језика, народну философију или науку и познање живљења на овоме свијету, а из многијех пословица и уза њих додатијех приповједака познаће и различне обичаје народа нашега."[25]

Какав је значај Вук придавао пословицама, види се по томе што су оне расуте у свим његовим делима. Ако се прати траг српских пословица код Вука, морају се навести следећа дела:

1. *Српски рјечник.*
I издање: Беч 1818; II издање: Беч 1852.

2. *Први српски буквар*, Беч 1827, садржи 31 пословицу.

Прво издање српских пословица штампано је у Црној Гори под насловом: *Народне српске пословице* (Цетиње, 1836) и садржи посвету за црногорског владику Петра Петровића Његоша:

„Високопреосвештеноме Господину и Господару Петру Петровићу-Његошу II,
Владици Црногорскоме и Брдском."[26]

Предговор првом издању српских пословица Вук је написао у Бечу а не на Цетињу, а штампао 10. јула 1836. Предговор је тек касније додао. Пословице су поређане по азбучном реду. Према Вуковим наводима збирка садржи око 4000 пословица. Није их нумерисао.

Друго издање српских народних пословица је изашло са измењеним насловом. Уместо *Народне српске пословице*, овде стоји *Српске народне пословице*. Књига се појавила на дан Светог Георгија 1849. И овде је Вук написао предговор који је свакако мање обиман од оног првом издању.

После Вукове смрти следе друга издања српских пословица: 1900. године појављује се у Београду „Прво државно издање" Вукових пословица. Издавач је био Сима Томић.[27] и броји 7849 пословица. Збирка садржи и пословице из Вукових радних примерака и таквих истих из речника. Томе су придодати и прилози Вукових сарадника, који су му доносили сакупљени материјал по његовом налогу.

После Томићевог издања, појављује се у Београду 1933. „Друго државно издање"[28] српских народних пословица. Последње, односно треће издање појавило се у Београду о стогодишњици Вукове смрти (1864–1964) у редакцији Мирослава Пантића и са изванредним поговором. Било је то прво критичко издање српских пословица, коме је као узор послужило бечко издање.

Поред ових збирки остао је необјављен велики број пословица из Вуковог манускрипта. Ради се о укупно 248 пословица,[30] које нису штампане због опсценог садржаја. Ове пословице донеле су Вуку велике непријатности и тешкоће код српског високог свештенства. А Јакоб Грим се веома интересовао за опсцене изразе у српском језику при чему је увек тражио паралеле у немачком језику.

Неколико оваквих „срамотних" пословица, које до сада још нису објављене, изгледају овако:

Благо пички док јој кита расте.
Боље је и каква кита него празна пица.
Дању јебање и на ветру пушење не ваља.
Добар се курац познаје и у шалварама.
Ко што има оним и клима.
За невољу се и ждребе јебе.
Ко не јебе пунице чуваће зецове на ономе свету.
Пичка и рибе не може оматорити.
Пишање без прдежа као и свадба без гадљи не ваља.
Од невешта и пичка плаче.
Рђаву курцу и длаке сметају.
Да су пизде што звезде, сви би људи кривоглави били.
Да су курци што су кукурузи, све би жене копачице биле.
Сваки цвијет боље расте кад се често залива.

Јакоб Грим и сакупљачка делатност Вука Караџића

Постоје разни докази из којих јасно произлази да је Јакоб Грим одиграо битну улогу у Вуковом раду на сакупљању народних пословица. У свом чланку „Камен темељац у историји немачко-словенских духовних односа I", Макс Вазмер пише:

„Из писама које је Вук писао Гриму сазнајемо да је Србина за његове студије о грађењу српских речи, подстакао Грим исто као што је то учинио и што се тиче Вукових збирки српских приповедака и пословица."[1]

До истог закључка је дошао и Алојз Шмаус:

„Јакоб Грим је рано почео да размишља о збирци јужнословенских приповедака и пословица тако да Вук Караџић може да захвали њему и Копитару који су га подстакли да својим славним песмама придода – и једну исто тако изврсну збирку српских народних пословица и приповедака."[2]

Исто поље рада као и исти научнојезички интереси, те припадност истом културном покрету – романтизму – без сумње су изискивали сарадњу између Вука и Грима. Писмо које је Јакоб Грим упутио Вуку из Касела 2. априла 1815. није само од пресудног значаја за Вуков рад на сакупљању српских народних пословица већ и за сакупљање народних песама, прича, кажа, обичаја, навика, празноверица итд., укратко, било је од пресудног значаја за целокупни Вуков рад на пољу народне уметности. У овом писму Вук је добио значајна упутства у погледу методе и практичног рада што је за њега представљало користан радни програм. Грим га је замолио за сарадњу. „Оснива се једно друштво, које би требало да се рашири по целој Немачкој са циљем, да сакупи и спасе све што је садржано као својина немачког народа у облику песама и скаски."[3]

Оно што је требало сакупљати тачно је назначено:

1. „Народне песме и изреке", које се певају или говоре поводом различитих дана у години, о празницима, о прелима, на игранкама, и за време различитих пољских радова; а понајпре они којима је садржина епска, тј. у којима се одиграо неки догађај; по могућству са речима, мелодијом и тоном.

2. Ка̂же у невезаном разговору, сасвим нарочито, као и разноврсне „бајке за децу и дадиље", о патуљцима, дивовима, џиновима, о зачараној и ослобођеној деци краљева, ђаволима, благу, о чаробним стварима, као и „локалне приче", које причају и објашњавају извесну просторност (као што су брда, реке, језера, пећине, разурушени замкови, куле, стене и сви споменици древне старине.) Нарочиту пажњу обратити на басне у којима се појављују лисица и вук, петао, пас, мачка, жаба, миш, гавран, врабац итд.

3. Весели враголани и лакрдијаши, луткарске игре са старим добричинама, са Хансвурстом и ђаволом.

4. Народни празници, обичаји, традиција и игре; свечаности о рођенданима, свадбама, и сахранама; стари правни обичаји, нарочито о каматама, порезима, приходима са имања, одређивању граница итд.

5. Празноверице о духовима, утварама, вештицама, добрим и лошим предзнацима; о причинама и сновима.

6. Пословице, упадљив начин говора, поређења, склапању речи.[4]

Што се тиче технике сакупљања Грим даље додаје:

„Пре свега тежити да се све запише верно и истинито без улепшавања и додатака, из уста онога који прича, где је то могуће и његовим самосвојним речима, најисцрпније и најопширније, у живом наречју тог места, да би имало двоструку вредност тиме, мада на другој страни не презирати чак ни мањкаве одломке. Јер свако одступање, понављање и скраћивање једне исте скаске може да буде важно..."[5]

За Грима је управо важно то одступање, понављање или скраћивање једне те исте каже. Материјал мора бити записан дословце верно, све варијанте имају своју вредност за истраживање због каснијих поређења. Важан је и предео у коме се сакупља материјал:

„... ипак испред великих градова леже покрајинска места, а пре ових села, али међу селима пре свих она мирна, неприступачна места, опкољена брдима и шумама који су тиме нарочито обдарени и благословени. Такође извесни сталежи као што су чобани, рибари, старине који имају свеже памћење, њих се држите и питајте их као уопште старе људе, жене и децу."⁶

Ово „упутство за употребу" промишљено до најситнијих детаља за истраживање и очување народних умотворина и сведочења, завршава Грим важним техничким упутством:

„Најзад молите се, да због очувања онога што сте прикупили, сваки предмет унесете на један лист, а уз то и место и покрајину и време кад је сакупљено а поред његовог назива, за сваки случај, убележите и име приповедача."⁷

Писмо је послао Вуку у Србију, у Срем, где је овај сакупљао материјал за свој речник и бележио народне песме, приповетке и бајке. За свој рад Вук је употребљавао старо српско књижевно писмо, раније лексикографске покушаје и речнички материјал, које су му доставили његови пријатељи. Вук се пре свега ослањао на своје сопствено осећање језика и језичко знање. Усмено народно предање му је помогло да расветли поједине речи. Издашно се користио пословицама, бајкама, народним анегдотама, и стиховима да би протумачио садржинску вредност и семантичку функцију речи.

Подстицај Јакоба Грима дошао је у прави час и на правом месту. Вук је и тада и касније изузетно ценио Срем. Био је то српски предео где се говорио чист српски језик, и где је било остало мноштво народних песама, бајки и пословица.

А што се тиче правог часа и времена у коме је дошао Гримов подстрек, ради се о томе да је Вук у Срему управо био упослен на успостављању везе између народног језика, народне литературе и књижевног наслеђа, које се ослањало на црквенословенски језик.

Грим је и каснијих година са интересовањем пратио Вуков рад на пољу народних пословица. О томе сведоче делови преписке између њих двојице, која, што се тиче Грима није сасвим очувана. Грим никад није престајао да га храбри да сакупља народне пословице.

Пошто је Вук (1918) припремио за штампање свој *Срп̄ски рјечник*, отпутовао је на дуже време у Русију. Потом је живео једно време у Србији, код кнеза Милоша Обреновића. Ту је сакупљао материјал за своје историјске списе, постепено долазећи на своју стару идеју да изда збирку српских народних пословица.

Вук је свакако знао, да је још Јован Мушкатировић сакупљао српске народне пословице и такође их објавио. Сматрао је својом дужношћу да о томе обавести Грима. У свом писму од 6. новембра 1823. године пише:

„Заиста ми је жао, што Вам одузимам драгоцено време оволиким белешкама уз то још непотпуним и несређеним. Нека Вам то Бог узврати! А и српски нараштај ће Вам за то бити вечно захвалан. Морали бисте из свега овога издвојити оно што је најбоље и што се може употребити...

Осим народних песама овде се могу поменути и пословице (које је сакупио Јован Мушкатировић, друго издање 1807) од којих је неколицина међу њима словенизирана; а има их руских, немачких, латинских, мађарских итд."[8]

Тачно две године касније у свом писму Гриму од 3. фебруара 1825. упућеном из Беча, употребио је Вук једну омиљену пословицу. Јасно је да је Вук пословицу цитирао у оригиналном језику, из чега се да закључити да је Јакоб Грим већ тада располагао солидним знањем српског језика што му је омогућавало да чита и разуме српски. Вук је писао:

„Српски се каже: Кога су гује клале и гуштера се боји."[9]

Рад на збирци пословица споро је напредовао. Вук се њиме бавио успут, чекајући згодну прилику да неко изговори неку пословицу која се може употребити.

Вук се задржао у Србији, две године, од 1829 до 1831. Никад није заборављао да обавести Грима о својој делатности. У писму од 24. новембра 1831. из Земуна, пише:

„Мој највећи и једини добитак за време овог боравка у Србији су око 100 јуначких песама, углавном лепих, близу 200 пословица и преко 500 једноставних речи које недостају у мом речнику..."[10]

Прво издање *Српских пословица* појавило се 10. јула 1836. године. Два примерка Вук је послао Јакобу Гриму 24. августа 1836. уз писмо у којем пише:

„Дуго Вас нисам оптерећивао мојим немачким језиком. А да Вас се увек сећам са осећањем највеће захвалности, верујем да није потребно ни да Вам говорим. Имам задовољство да Вам овде пошаљем два примерка мојих српских пословица (једна је за Вас а друга за Универзитетску библиотеку).

У вашем примерку има много штампарских грешака, које сам до сада приметио и орриговао; надам се да Вам то неће бити непријатно. За мене ће бити највећа награда ако Вам се књига допадне..."[11]

Касније је Вук жалио што је у својим делима изостављао опсцене изразе. Због језичког материјала за речник који је имао опсцени садржај, Вук је већ био искусио велике тешкоће од стране православне црквене хијерархије приликом издавања дела. Стога је све више изостављао овакве пословице. У истом писму од 24. августа 1836. Вук наставља:

„... приликом писања многих пословица и њиховог објашњења мислио сам на Вас. Ту ћете наћи много тога што у правом смислу нису никакве пословице; али пошто има исувише мало штампаног о српском језику и нацији, то се надам да ћете ме извинити. Неколико стотина најлепших пословица морао сам да изоставим због опсцености; због неколицине ми је истински жао, као нпр. што је „пристао као лисица за овнујским мудима". (Као објашњење се прича: видела лисица да овну висе муда и поверовавши да је то комад меса, који ће ускоро отпасти, дуго је ишла за овном у овој лажној нади. – Ова пословица се налази и у мом српском речнику код „овнујски"); али сада ја ништа друго не могу да урадим. (Вероватно је да се сећате историјата ове књиге – да је пре три године овде започело њено штампање а трећи табак је већ био у раду)."[12]

Вук додаје да није стигао да се позабави Гримовом *Немачком митологијом*. Стога једва да може нешто да забележи о српским стварима. Упркос томе Вук је био мишљења да ће Грим моћи да употреби нешто од српских пословица за своју *Немачку митологију*. И у писму од 24. августа 1836. пише даље:

„Такође и међу овим пословицама ћете можда наћи понеку (за друго издање) као што је нпр. „вједогоња"[13]

У завршници писма каже Вук:

„И 'добра срећа' наћи ћете међу пословицама."[14]

Да би објаснио Гриму значење садржаја и употребну функцију оваквог српског начина говора попут пословица, Вук има обичај да своја објашњења поткрепи увек одговарајућим примерима из оригиналног језика. „Добра ти срећа", нпр. Тако се на поздрав „помоз Бог" одговара у Црној Гори.

Вук објашњава Гриму оно што је супротно од израза „добра срећа" и каже: „Више од овога Вам не могу ништа рећи осим да се у Црној Гори каже и „зла срећа"; нпр. ако се некоме догоди нека несрећа каже се: 'то је његова зла срећа'. У загради пише 'учинила' или 'крива' да би објаснио смисао: 'то је учинила његова зла срећа' или 'томе је крива његова зла срећа'.

Оба потврдна примера српских пословица причинила су Гриму велику радост. У писму од 1. марта 1837. захваљује се за „изврсну" збирку пословица.[15] У том писму Грим је предсказао признање које ће Вук добити од будућих генерација:

„Вашу плодоносну вредноћу и Вашу заслугу за Вашу отаџбину познајем и осећам живље него ико; праву награду за то носите Ви у својој души, са предосећањем да ће потомство исправно проценити вредност Ваших радова."

Грим користи ову прилику да подстакне Вука да и даље штампа своја дела, нарочито друго издање *Српског рјечника*. Други део овог писма потврђује да се Грим такође бавио народним пословицама, и да је проучио Вукову збирку. Притом тежиште даје Вуковом предговору који садржи драгоцен теоретски и лексикографски материјал о српским пословицама:

„... а места у уводу о пословицама, која се на то односе, добро су ми дошла и ја ћу све то знати добро да искористим."

Из Вукове заостале преписке уочљиво је да је Грим друго (бечко) издање српских пословица (од 1849) добио без пропратног писма. О томе закључује Вук у писму од 8. фебруара 1850, које шаље из Беча:

„Пре неколико недеља опет сам себи дозволио да Вам пошаљем по зету кнеза Милоша, господину Николићу из Рудног, један примерак српских пословица. Исто тако и примерак *Ковчежића*...[16]

Али је Грим раније већ примио ново издање српских пословица и то из руку кнеза Михаила Обреновића (1823–1868), сина кнеза Милоша. Кнез је био у изгнанству ван Србије и овом приликом је потражио Јакоба Грима. Грим то потврђује у писму из Берлина од 12. новембра 1849.

И овога пута Грим оцењује српске пословице атрибутом „изврсно" као и у писму од 1. марта 1837.[17]

Ово друго издање српских пословица веома је допринело Вуковом угледу код Грима и учених немачких кругова.

4. марта 1850. године Грим предлаже Вука, свог пријатеља, за дописног члана Високе краљевске академије наука у Берлину. Предлог је написао сам Грим, својеручно, у коме између осталог стоји:

„Мало је научника који су толико учинили за литературу своје отаџбине и задужили је као што је то Вук Стефановић Караџић учинио за српску књижевност (сада настањен у Бечу). Сопственим снагама учинио је оно што иначе полази за руком само здруженим снагама."[18]

Међу Вукова главна дела Грим је набројао „једну збирку српских пословица". Кад је примљен у Академију, Вук 18. јула 1851. године, шаље Академији своје последње радове:

„Три свеске српских народних песама у најновијем издању, превод Новог завета на српски језик, Српске пословице, одељак за историју, језик, обичаје и навике у Срба све три религије."[19]

У истом писму Вук се захваљује за указану му част:

„Радосно дирнут и истински изненађен примио сам Ваше наименовање за дописног члана Академије, за мене тако ласкаво и часно; ласкаво за мене стога што сам тиме сврстан у редове научника, који, може се казати, репрезентују интелигенцију целог света, и часно, јер сам постао чланом оне славне институције која је присно везана са именом бесмртног Лајбница."

Српске пословице у немачком преводу и Јакоб Грим

Прво објављивање српских народних пословица, од Вука Караџића, на немачком језику уско је повезано са Јакобом Гримом. У то време Јакоб Грим је први и једини Немац који је српске пословице читао у оригиналу, односно, на српском језику (прво издање 1836. и 1849. друго). Вук је друго бечко издање српских народних пословица објавио 1849. Четири године касније (1853), појављују се, такође у Бечу, Вукове српске народне приповетке. Јакоб Грим је овим делима придавао велики значај. Миљан Мојашевић[1] је исправно приметио да је Вуков први сусрет са браћом Грим, који се догодио крајем септембра 1823. у Каселу, био одлучујући за његова каснија дела и стваралаштво. Тада је Јакоб Грим дао Вуку „први подстрек" да се интензивно почне бавити српским народним умотворинама, о чему Вук извештава у писму из Беча од 9. марта 1853:

„Ви сте са покојним Копитаром највише допринели да се српске народне песме рашире по читавој Европи и осталом образованом свету на славу српског народа. Поред тога, Ви сте ме већ почев 1823. године, кад сам имао срећу да Вас упознам у Каселу, стално наговарали и охрабривали да би требало да штампам нешто од српских народних приповедака..."[2]

Овај сусрет у Каселу био је камен темељац за њихов заједнички рад на пољу филологије и народне уметности. Сасвим је могуће да су при овим разговорима дошли на идеју да се српске мудрости преведу и на немачки језик, а нарочито се рано почела бавити преводом са српског на немачки Вукова ћерка Мина. Грим је имао високо мишљење о њеној делатности на овом подручју.[3] Мина је била изврстан познавалац српског језика и наравно, немачког, и има велике заслуге што су се српске народне песме, приповетке и пословице у њеном преводу рашириле и биле популарне на немачком говорном подручју. Минин превод српских пословица први пут је упознао немачке читаоце са српском народном, усменом мудрошћу. Не зна се тачно време кад је Мина почела да преводи српске пословице на немачки језик. У сваком случају то се догодило после њених превода српских народних песама и бајки. При истраживању и прегледу српских пословица које су преведене на немачки, никако се не смеју испустити из вида српске приповетке и то из два разлога: прво стога, што знатан део српских пословица потиче из бајки, а друго, јер је бајкама Јакоб Грим придавао велики значај. Годинама је Јакоб Грим наговарао Вука да објави и једну обимну збирку народних приповедака. Вук је тога свестан кад у свом писму од 28. јуна пише Копитару из Карловаца:

„Размишљао сам о Гримовом захтеву; то може бити од великог значаја и користи: Сад са сигурношћу знам какве приповетке би желели и ја их могу уверити да ми Срби имамо много таквих..."[4]

У другом писму Копитару, писаном из Земуна 26. јуна 1826. Вук пише:

„Ако будете писали Гриму, молим Вас, поздравите га с моје старне. Нисам заборавио шта ми је казао и написао о приповеткама. Али нисам још довољно сакупио..."[5]

После сталног оклевања најзад се појавила збирка *Српске народне приповјетке*, 1853. у Бечу, посвећена „славном Нијемцу Јакобу Гриму". 1854. године следило је немачко издање у преводу Вукове ћерке Мине са насловом *Српске народне приповетке,* и са уводом Јакоба Грима. Овај предговор Грим је написао 1853. у Берлину. Не само српске народне приповетке већ и српске пословице су му биле већ дуго познате и веома блиске. У једном писму из Берлина, пише Вуку 12. новембра 1849.

„Кнез Михаило ме је посетио овог лета на свом пропутовању и предао ми не само Ваше изврсно ново издање пословица..."[6]

Овај доказ је крајње важан јер се из њега може закључити да је Грим српске пословице познавао на оригиналном, српском језику и активно се бавио њима. Такође му је било добро познато и прво издање српских пословица које му је Вук доставио годину дана раније – 24. августа 1836. Минин превод српских народних приповедака и пословица објављен је под насловом:

СРПСКЕ НАРОДНЕ ПРИПОВЕТКЕ

Сакупио и објавио *Вук Стефановић Караџић*
На немачки превела његова ћерка *Мина*.
Предговор *Јакоба Грима*.

Додатак са преко хиљаду српских пословица.
Штампа и издање Георга Рајмера, Берлин, 1854.
Страна XII+345 (пословице на с. 271–345).

Ово издање је посвећено:

„Њеној светлости, кнегињи госпођи Јулији Обреновић, рођеној Hunyady, грофици fon Kethely, посвећује преводилац са највећим поштовањем."

Књига је подељена у три дела:
1. Предговор Јакоба Грима
2. Народне приповетке у Срба
3. Пословице

Већ и сама структура ове књиге показује како су Вук и његова ћерка радили на овој књизи.

а) По наслову је јасно да су пословице додате народним приповеткама.

б) Грим је у свом предговору ставио тежиште на народне приповетке.

ц) Из предговора се види да је Грим на почетку и на крају – очигледно накнадно – убацио неколико речи о пословицама.

Ово потврђује и Вуково писмо Гриму од 9. маја 1854. из Беча, у коме каже:

„Преводу приповедака су, међутим, пришле и још преко 1000 одабраних пословица које је такође превела моја Мина; тада нисам послао и њих зато што нису биле чисто ископиране. Убеђен сам да ћете и за ово (пословице) показати интересовање као што сте показали за све што се односи на српску књижевност а можда ћете пожелети да и о њима проговорите штогод у предговору. Зато сам писао Рајмеру, он Вам може пружити најбољи увид у манускрипт".[7]

У првом одељку његовог предговора прича Грим о свом славном „пријатељу Вуку", коме је дао први подстицај за његову сакупљачку делатност још пре тридесет година, кад га је Вук 1823. године посетио у Каселу:

„Не причињава ми малу радост што ћу пропратити предговором најновије дело мог славног пријатеља коме сам још пре тридест година дао први подстицај. Дуго се задржавши на већим радовима од којих сваки изазива дивљење, могао је он тек касније да се упусти у један додуше лакши, али његовим снагама једино могући посао, за који му нараштај неће бити мање захвалан него за све остало што је иначе урадио.

Како је са досуђеним му изврсним даровима, успоставио наново правила и језичко богатство српског језика и такође био у стању да га примени у једном успешном преводу Новог завета, он је, свако то зна, открио раније неслућене изворе једне дражесне поезије, објавио и сакупио верно и сликовито сва блага пословица и обичаја овог још необразованог народа. Али, цела Европа жали, која му ове заслуге гласно признаје, што изгледа да му његова сопствена отаџбина одриче пуно, дужно поштовање и то оваквом човеку о коме се може рећи да никад није учинио ништа што је неправо, некорисно или неплодно и који ће се кад ишчезну све заблуде и опсене, истицати у сећању будућих времена."[8]

Даље каже Грим у свом предговору, да га је Вук обавештавао о „постојању српских приповедака", које „у нашој књижевности попримају један до тада још невероватан полет". Он је указао на растући број збирки, које су олакшавале упоредно истраживање. Не само у Немачкој већ и у Норвешкој, Шведској, Италији, Албанији, Литванији и Финској чиме се ослобађамо заблуде да епски материјал почива на „глупавим измишљотинама" и да је недостојан истраживања. Ове приче садрже одломке митова, који би нам могли разјаснити сродност између бројних приповедачких тема које су заједничке Европи и Азији. Оне су „знак чудесних веза и односа". Грим даље излаже да ова сродност не почива на самовољном позајмљивању и преузимању грађе и мотива већ да се очигледно ради о прастарим односима и одјецима као што су они који се јављају у језику или у поезији. Закључује чврсто: „У ових педесет српских прича показује се очигледним разлика у излагању и тону слично као и у песмама већ према томе да ли полазе од мушкарца или од жене." Код једних преовлађује „чврсто саткано и опширније, неретко, разметљиво држање у јуначким борбама, док друге одликује „нежније, слободније, вешто описивање љубавних авантура". Даље Грим примећује да самосвојна вредност српских народних песама и приповедака делује узвишено због еуфоничног карактера српског језика. Каже:

„И свуда, у обема, тече језик простим, природним путем, који се не прекида расутим римама на местима где се догађаји брзо решавају јер српска поезија обично не нагиње рими..."[9]

У народним приповеткама Грим истражује стилска средства која се често јављају и у пословицама, наводећи притом примере из оригинала и упућујући на језичко јединство код превода:

„Али ни овде не мањка снажних понављања и алитерација, које су у преводу на немачки морале да пропадну, као нпр. није он дошао да те види, него да те води, страна 39 оригинала или у но. 8, кратко, држи не дај, уместо, не пуштај!"[10]

Већина „покретачких мотива" – закључује Грим – које сусрећемо у немачком језику, јавља се и у српским приповеткама, као што је нпр. „Три брата" од којих је најмлађи и најсрећнији итд. Грим је посматрао српске приповетке и као изврстан познавалац митологије. Открио је у њима неколико митских мотива и елемената. Тако приповетка „Зашто људи немају равна стопала" подсећа на причу о ђаволу, који је украо сунце и анђелу који га је опет одузео. Грим се крајње похвално изражава о Минином преводу. О томе каже следеће:

„Савршени превод на немачки језик, који је урадила госпођица Вилхелмина Караџић, зналац оба језика, заслужује похвалу..." [11]

Већ је поменуто да Грим у предговору није поклонио велику пажњу пословицама већ народним приповеткама. Учинио је то стога што је предговор већ био написао кад су пословице стигле. Изразио се кратко и прегнантно о значају и садржини српских пословица. Притом се издвајају две самосвојне и карактеристичне црте српских пословица: „Животна мудрост" и „мисаоно богатство схватања српског народа". На крају изражава једном једином реченицом највише похвале „српским народним пословицама и српском народу":

„Придодате српске пословице потврђују какво благо поседује српски народ у погледу животне мудрости и умности."[12]

Вилхелмина Караџић као преводилац српских народних пословица

Превод српских народних пословица на немачки језик и њихово објављивање мора се посматрати у оквиру српских народних приповедака. Од првог објављивања српских народних приповедака (1921) прошло је више од тридесет година када су се оне појавиле у немачком преводу. Оклевало се због лошег Вуковог здравственог стања као и неочекиваног тока политичких догађаја. Књига *Српске приповетке* била је спремна за штампу већ 1848, али због устанка у Мађарској 1848,[1] збирка није могла бити објављена. Следеће тешкоће у вези објављивања српских приповедака и пословица појавиле су се због преводиоца; јер је Тереза Албертина Лујза фон Јакоб позната под надимком Талвј[2] одбила да их преводи; избор је пао на Вукову ћерку Мину. Мина (Вилхелмина Караџић, 1828–1894), чија је мајка била бечлика, са великим успехом је учила стране језике, музику и сликарство. Важила је за веома образовану и талентовану. Кад се усудила да преузме превод српских приповедака и пословица није била почетник на том плану. Са 17 година преводила је српске песме које је Јакоб Грим поседовао још 1845. При превођењу српских приповедака и пословица следила је Гримова упутства да се што је могуће више држи оригинала. Грим је у свом предговору похвалио њен превод:

„...верно се држала оригинала на чији рачун би иначе могла да скраћује и да се прилагођава; утолико је боље и зато још више привлачи српски оригинал који се појавио у Бечу."[3]

Тако је њена преводилачка делатност уско повезана са личношћу Јакоба Грима. Грим је придавао велики значај томе што су се српске приповетке појавиле у немачком преводу. 30. октобра 1831. он пише Вуку из Гетингена:

„Пре осам дана написао сам хтео-не хтео (nolens-volens) кратак предговор за збирку дечјих приповедака које је са руског превео др Дитрих из Пирне; више бих волео да је то била збирка српских приповедака преведених на немачки језик које бисте Ви објавили..."[4]

У свом писму од 3. октобра 1852. Вук јавља о објављивању српских народних приповедака:

„Моја Мина је превела више од половине а надам се да ће до почетка новембра послати превод сходно нашем договору са Вама."[5]

Овај термин Вук ипак није одржао јер се његова ћерка Мина разболела. Почетком јуна 1853. Јакоб Грим је примио рукопис Мининог превода које је потврдио у писму од 10. јула 1853, из Берлина, следећим речима:

„Тек данас сам, верни мој пријатељу, у могућности да Вам захвалим за извршне српске приповетке чиме сте испунили једну од мојих најдражих жеља. У срце ме је динрула Ваша посвета."[6]

Српске народне приповетке су се појавиле у Берлину 1854. код Георга Рајмера под насловом:

НАРОДНЕ ПРИПОВЕТКЕ У СРБА

сакупио и издао
Вук Стефановић Караџић
са предговором *Јакоба Грима*.

На насловној страни стајало је још једно упутство:

„Са додатком од преко хиљаду српских пословица.

Превод на немачки је урадила Вукова ћерка Мина."

Ова књига садржи 1203 српске пословице преведене на немачки језик. Као основ за превод Мина је користила друго бечко издање свога оца (1849) које се појавило на српском језику и које је садржавало 6379 пословица. Овде искрсава једно питање: по ком критеријуму је Мина сачинила избор и редослед? При избору истих за немачко издање отац и ћерка су се држали следећих основних правила:

1) Нису тражили оне пословице које су биле најзвучније и најбоље већ разумљиве немачком читаоцу. Оне пак, које су

за немачког читаоца исказивале нејасне односе или такве које су исувише указивале на историјске, локалне и фолклористичке елементе, нису узимане у обзир.

2) Пословице опсценог садржаја су изостављене. Већ поређење првог и другог српског издања и немачког избора показује тенденцију ка све већем одрицању од пословица оваквог садржаја.

3) Вук је другу збирку пословица (1849) које су делимично биле анегдотског карактера, проширио многим објашњењима, да би извесне изразе и смисао учинио разумљивијим. У немачком издању објашњења има мање и краћа су. Готово потпуно су изостављене пословице анегдотског карактера.

4) Немачко издање у Минином преводу нема никакав одређени систем, као полазиште по коме би пословице биле распоређене. Нису поређане ни по азбучном реду као што је учинио Вук у свом I и II издању. Вук и Мина су немачку збирку пословица средили по тематици мада не увек прецизно. На почетку су оне које у садржају говоре о „Богу". Следеће теме су „ђаво", „Добро", „зло", итд.

Превод српских пословица истраживачи нису ни до данас испитали и вредновали. Сама Мина изложила је своју идеју водиљу при преводу српских народних приповедака и пословица у свом писму Јакобу Гриму од 5. јуна 1853. године, у коме га моли да погледа њен превод. У њему пише да је сматрала својом дужношћу да при преводу што је могуће више приближи дух и смисао српских народних приповедака и пословица духу и смислу немачког језика а да притом не оштети српски оригинал.

„Пошто је отац узео слободу да пошаље мој превод српских народних приповедака Вашем благородству, дозвољавам себи да истовремено додам оно што је овде већ поменуто, да сам себи поставила задатак да будем дословна и да сачувам што је могуће верније слојеве националне приповедачке уметности избегавајући сваку туђицу која би послужила као украс у немачком језику.

Чврсто сам се држала овог предлошка што се тиче савесности самог превода, и верујем да ми се не може учинити никакав прекор, напротив у мени се јавља страх да сам ту отишла исувише далеко при чему сам свесна многих недостатака у односу на стил и гипкост израза, који, у јакој супротности са љупким језиком у бајкама код Немаца, утиснули су се неугасиво у моје сећање и мени је утолико мучније кад моје невешто перо није било у стању да их одстрани а да се не удаљи од оригинала."[7]

Као што је већ поменуто, Мина је у свом преводу следила Гримове савете. Непрекидно је тежила да при преводу сачува смисао и садржај српског оригинала. Ипак је дошло до извесних стилских одступања од оригинала, што је и разумљиво, кад год се ритам српске реченице није поклапао са ритмом немачке. Одступања су наступала и онда кад се Мина трудила да преведе тачно и без коментара тако да је на неким местима уместо речи парафразирала. Нема одступања која би водила недоследности. Разлика између Вуковог српског оригинала и Мининог превода може се на следећи начин обухватити:

1) Поједине речи нису преведене буквално чак и тамо где је то било могуће. Тако нпр. Мина преводи пословицу:

„Бог помаже лежаку као и тежаку", (2777)

Мина је реч „тежак" превела са „земљорадник" (Ackerbauer)

2) Поједине пословице су преведене са непотребним додацима што је морало да услови одступање од оригинала:

„Кога Бог чува онога пушка не бије" (2243)

преведено је као:

„Кога Бог чува пушка му не може нашкодити"

А дослован превод би гласио:

„Кога Бог чува тога пушка не погађа."

Пословица:

„Своја кућица своја слободичица" (4880)

преведена је са:

„Његова кућица његова слободичица"

А за читаоца јасније и боље би било:

„Сопствена кућица, сопствена слободица."

Српска реч „слободичица" није могла да се у потпуности преведе на немачки зато што у немачком језику не постоји никакав деминутив од речи „слобода" а такође ни појачани деминутив.

У извесним случајевима Мини није полазило за руком да савлада проблем свршених и несвршених глагола, што је водило следећем мењању смисла пословице:

„Кад су се твоји ђаволи рађали
моји су у колу играли." (1988)

Уместо немачког глагола „geboren waren" који је употребила Мина, на немачком би требало употребити глагол „im Kommen waren" – дакле, уместо „рађали" – „ходали" што би одговарало смислу немачког језика.

У српском постоје два глагола за „рађати се":
рађати се као несвршени глагол и
родити се, као свршена радња.

4) У другим случајевима преводилац је ослабио снагу израза појединих речи. На пример:

„Храни коња као брата, а јаши га као душманина". (6040)

Мина је употребила немачку реч „Feind" док реч душманин ипак постоји у немачком језику „Todfeind" односно, „Смртни непријатељ" или „Erzfeind".

5) За провинцијализме у оригиналу Мина се није трудила да пронађе адекватне немачке паралеле већ их је преводила изразима из књижевног језика. На пример пословица са црногорским наречјем:

„Благо томе коме Бог помага". (232)

6) Ни турцизме углавном није задржала у тексту већ их је решила употребљавајући сродну немачку реч: Ево примера:

„Бог срећу дијели а ашчија чорбу" (283)

Мина је превела: „Бог срећу дели а кувар чорбу".

А за реч „ашчија" постоји у немачком реч као што је „крчмар", „гостионичар" која је адекватнија од речи „кувар".

У једној другој пословици:
„Тешко злату на дебелу врату
и ђердану на гараву врату!"

Мина реч „ђердан" преводи са „накит".

7) У неким случајевима преводилац се не држи оригинала већ слободно преводи:

„Игла кроз злато и сребро пролази па је опет гола"; (1545)

Уместо речи „blank", која значи првенствено сјајно постоји адекватнија реч у немачком за српски израз „гола", а то је „nakt".

8) Неке српске пословице које су изражене стихом и римом у немачком преводу су изгубиле ту особину:
„Докле проси, златна уста носи
А кад враћа, плећа обраћа". (1026)
Такође није успела да оствари алитерацију као основ и важино поетско стилско средство.
„Враг врагу очи не вади" (630)
или
„Боље је празна врећа него враг у врећи."

9) Многе српске пословице имају одређени ритам који се покаткад испољава десетосложним стихом:
„Брат је мио које вјере био." (450)
Али и овде је то било неодрживо у Минином преводу на немачки.
Или: „Сваки циганин свога коња хвали". (4782)

10) Поједине српске пословице користе неглаголски облик елипсе.
„С јединијем Богом на сто непријатеља". (4951)
У немачком преводу дате су у облику потпуне реченице са глаголским обликом.

11) У неким елиптичним српским пословицама супстантив је изостављен јер се као познат подразумева. Пример:
„Царска се не пориче". (6054)
У немачком преводу елиптични облик је избегнут а субстантив додат. У овом случају додата је реч „реч" тј. „царска реч се не пориче".

12) Интонацијски ефекти који су потврђивали истозвучност појединих речи, Мина такође није могла да очува у немачком преводу. Пример:
„Крпеж кућу држи". (2707)

13) Због синтактичких разлика у два језика Мина није могла да очува инверзију која у српском језику важи као песнички украс. Пример: „Видла жаба да се коњи кују, па и она дигла ногу" (551). Мина је увела нормалан ред речи почињући са „Жаба дигла ногу...", мада је требало да употреби израз

„Bein", који у немачком означава читаву ногу уместо „Fuss", што се односи превасходно на стопало а има и значење „нога".

Мада досад наведени примери указују на извесне тешкоће и пропусте у превођењу српских пословица, мора се ипак признати изврсност Мининoм раду. Да је готово немогуће превести на немачки алитерацију, риме и сликовите изразе, тврдио је сâм Јакоб Грим:

„Свакако да овде недостаје понављање које појачава изражајни ефекат и алитерација који су у преводу на немачки језик нормално морали да изостану..."[9]

Миљан Мојашевић у посебном одељку своје докторске дисертације „Српска народна приповетка у немачком преводу" (1950) анализира Минин превод приповедака али не и пословица. Ево како говори о Мининoм преводу српских приповедака:

„Код вредновања њеног превода мора се узети у обзир да је Мини допала улога пионира у овој области. Са релативно незнатним изузецима у њеном преводу је остала свежина израза а богатство њеног речника, снага и полет њене реченице приближили су се јачини и снази изворности српског оригинала."[10]

Објављивање српских народних приповедака и пословица на немачком језику био је дуго сањани сан Јакоба Грима који се испунио радом ћерке његовог пријатеља, Мине Караџић, чиме је она заузела јединствено место у неговању, продубљивању и напредовању немачко-јужнословенских културних односа.

Закључак

Гримова наклоност према српском народу, језику и усменом предању, његова истраживања и преводи, његове расправе а пре свега његов утицај на Вука Караџића, били су тако значајни да је Вук захваљујући њему био први и највећи реформатор српског и јужнословенских језика, потпуно преобликујући склоп српског језика, иницирајући тако поновно рађање културе једног народа. Посматрано грубо, Гримов интерес за српске пословице карактерише следеће: У српским као и у немачким пословицама Грим је налазио трагове сачуваног народног права и „старих истина".[1] Српске пословице су за њега такође „доказ народног искуства" и народске мудрости који су се таложили столећима. Најзад, пословице су литерарно дело у којима се на најпрегнантнији начин огледају стваралачке способности и стилистичка самосвојност једног народа и у којима се кристалишу најдрагоценије језичке одлике и супстанце.

Грим је такође био тај који је подстакао европску научну јавност да се упозна са народним умотворинама српског народа, да се позабави српским пословицама, заузимајући се за њихово објављивање на немачком језику. Ово немачко издање (српске народне приповетке и пословице) објављено је са његовим предговором у коме говори о самосвојности и карактеру српских народних приповедака и пословица. Његова помоћ Вуковој ћерки Мини у превођењу ове збирке била је од изванредне важности. Док је редиговао њен превод није прикривао своју жељу да се ово благо српске народне епике и мудрости достојанствено представи и то што пре.

Народне пословице за Вука су одраз народног ума, карактера, обичаја и навика. Вук и Грим су били повезани заједничком идејом да је откриће народних пословица извор народне мудрости и златни рудник народног језика и његове изражајне снаге.

Вук је према Гриму осећао велике симпатије и захвалност: „Ви сте највећа срећа за нашу поезију, наш језик и нашу књижевност."[2] А на једном другом месту каже:

„Мале су речи којима Вам изражавам своју захвалност за многе пријатељске услуге, које нисте учинили само мени већ читавој српској нацији пошто сте са нашим покојним пријатељем Копитарем били први који сте признавали нејаке почетке мога стремљења на пољу књижевности и тиме прибавили исту важност и част нашој нацији."[3]

Ни Грим није остао дужан Вуку у похвалама и признањима за Србију и српско народно песништво:

„Српски народ може да се у највећој мери радује због предности, која је код многих народа нестала непажњом људи или одсуством смисла за своје корене. Богатство и лепота његове народне поезије је такве врсте, да је део Европе, којем је до сада та поезија била непозната, остао њоме задивљен. И кад једном, на безбедном тлу, почне да узраста српска литература у све већој слободи, да се расцветава и снажи, тада неће заборавити никада ову поезију, као што ни Грчка није заборавила своје спевове, а та слава носиће славу и име онога који је то народно благо сакупио, неговао и заштитио."[4]

Поговор

Препород јужнословенске књижевности био је у знатној мери повезан са њеним вредновањем и пријемом на који је наишла у Немачкој. Јужнословенско народно песништво постало је познато ширем кругу читалаца у Немачкој већ после Гетеовог славног препева „Хасанагинице" (Klagesang von der edlen Frauen des Hasan Aga) 1775. године или Хередерових *Народних йесама* (1778/79) међу којима су се нашле и тзв. „Морлачке песме". Српскохрватски или хрватскосрпски језик и књижевност су се развијали у веома компликованим социјалним, политичким и религиозним околностима југоисточне Европе због њене разноврсне културне традиције и развојних путева. Географски и етно-политички појмови као што су „Србија", „Хрватска", „Далмација", „Црна Гора", „Босна" „Херцеговина" итд., само су делимично били у стању да обухвате историју овог најдиспаратнијег региона у Европи.

Све до почетка 19. века историја и култура овог југоисточног дела Европе била је схваћена углавном као супротност између Истока и Запада, (Оксидента и Оријента), хришћанства и ислама, аустријско-мађарског и османлијског царства, између источног и западног Римског царства. Тек је српска револуција против Турака 1804. године, коју је следило и оснивање српске државе, поставила у видокруг културних кругова Европе појачано интересовање, пре свих, за јужнословенске „Србе". Сада се као приоритетан задатак појављује стварање јединственог писаног књижевног језика али који би у себи сажео многобројне фонетске, граматичке и лексикографске варијанте књижевно-језичке традиције. Овај задатак је извршно обавио аутодидакт из села Тршића у средњој Србији, Вук Стефановић Караџић.

За препород јужнословенских народа важни импулси стизали су пре свега преко Беча, где је Словенац Бартоломеус Копитар водио дворску библиотеку. Копитар, који је и сам био аутор радова из књижевности и историје језика, одлучно је потпомагао Вука, кад је овај после пораза устанка 1804. године, побегао у Беч и подстакао га да сакупља јужнословенске јуначке песме, пословице, загонетке, приповетке и каже. Романтичарским повратком на културну традицију „простог народа", Вук је успео да створи јединствен књижевни писани језик а тиме и основне претпоставке за националну самосвест и јединство јужнословенских народа. Својим *Српским народним песмама* поставио је основ за модерну српскохрватску односно хрватскосрпску књижевност, која упркос свим идеолошким, политичким и дугим размирицама поседује за Србе као и за Хрвате неограничену вредност до данашњег дана. Иако хрватски и српски језик имају различите варијанте писаног језика (латиницу односно ћирилицу) као и делимичне разлике у области фонетике, лексике и граматике ипак они и до дана данашњег опстају као сродни језици: српскохрватски односно хрватскосрпски, и та сродност ни у светлу крваве историје наших дана не може бити дискутабилна.

Вук Караџић је добио одлучујућу подршку од Јакоба Грима, који се, боравећи у Бечу (1814/15) као изборни легациони секретар града Хесена упознаје са избором словенско-српских народних песама. Била је то *Мала простонародна славеносербска песнарица*, издана Вуком Стефановићем. Беч 1814/15. у Копитаревом преводу на немачки језик и један препис носи са собом у Касел. Додатно објављивање – песнички обрађених – *Деветнаест српских песама* у Ферстеровом Алманаху, „Die Zengerfart" (Берлин, 1818), јужнословенска народна поезија започиње своје велико познанство са немачком публиком припремивши тако тле за двотомно издање *Српских народних песама*. Метрички превод и историјски приступ госпођице Талвј (Therese Albertine Louise von Jakob) (Хале, 1825/26). Нису се само браћа Грим интересовала за богату и разноврсну културу јужних Словена већ је то наново био и Гете, Лудвиг Уланд, Леополд фон Ранке и други великани немачког духовног живота прикључујући се својим интересовањима како научним тако и публицистичко-књижевним радовима.

Заједнички рад Јакоба Грима и Вука Караџића је од изузетног значаја. Вук је посетио Касел 1823. а и касније се често сретао са браћом Грим. Јакоб Грим је прерадио Вукову *Малу српску граматику*, која се појавила 1824. године са обимним језичко-критичким предговором из пера, дакле, оснивача модерне германистичке науке о језику. Касније је Грим написао предговор и за *Српске народне приповјетке* које је сакупио Вук а превела његова ћерка Вилхелмина, а које су као додатак имале „више од хиљаду српских пословица" (Берлин 1854). Јакоб Грим је видео у Вуку идеалну слику за своје романтичарско схватање изворности и оригиналности народне песмотворачке традиције; ортографија и унутрашње нормирање створено на тим основама српскохрватског односно, хрватскосрпског језика, Грим је увек представљао као пример који би требало подражавати.

„... како је са досуђеним му изврсним даровима наново успоставио правила и језичко богатство српског језика и такође био у стању да га примени у једном успешном преводу *Новог Завета*, он је, свако то зна, открио раније неслућене изворе једне дражесне поезије, објавио, сакупио и верно и сликовито сва блага које садрже пословице и обичаји овог још необразованог народа. Али читава Европа, која му ове заслуге гласно признаје, жали, што му, изгледа, његова сопствена отаџбина одриче пуно, дужно поштовање и то оваквом човеку о коме се може рећи да никад није учинио ништа што је неправо, некорисно или неплодно и који ће се, кад ишчезну све заблуде и опсене, истицати у сећању будућих времена. (Јакоб Грим: „Мањи списи", том 8, стр. 387)

Јужнословенски народи некадашње Југославије а пре свих Срби и Хрвати, требало би да се опет сете дела Вука Караџића и Људевита Гаја и да себе схвате као део богате културне европске традиције, која је у 19. веку својом разноврсношћу и особеношћу тако фасцинирала браћу Грим и остале. Нека томе допринесе и мало подсећање на плодну немачко-јужнословенску духовну размену која је очигледна на примеру односа између Вука Караџића и Јакоба Грима. Проширено ново двојезично издање инструктивног франкфуртског магистарског рада Миодрага Вукића о заједничком раду Вука Караџића и Грима на српскохрватским односно хрватскосрпским народним умотворинама, оживеће наново ово сећање.

Др Бернхард Лауер

Erster Teil

Grußwort

Die vorliegende Publikation „Vuk Karadžić zwischen Goethe und Grimm" des in Frankfurt am Main lebenden und wirkenden Sprachwissenschaftlers, Übersetzers und Journalisten, Miodrag Vukić ist ein Beitrag zur Vergegenwärtigung kultureller Beziehungsstränge, die bereits in den zurückliegenden Jahrhunderten von dem Wunsch nach einer Annäherung zwischen den verschiedenen Völkern Europas gekennzeichnet waren. Dieser Prozeß wäre ohne die Leistungen der Sprachwissenschaften undenkbar, die wesentliche Grundlagen für die Aneignung des jeweils in einer fremden Sprache überlieferten, geistigen Erbes der europäischen Vielvölkerfamilie gelegt haben. Was auf den ersten Blick noch voneinander entfernt zu sein scheint, erweist sich gerade im historischen Rückblick als ein fruchtbarer Prozeß der geistigen und intellektuellen Wechselwirkungen, die bis zum heutigen Tage ein prägendes Element der abendländischen Kultur darstellen. Davon zeugen auch die Kontakte und Begegnungen zwischen Goethe und Vuk Karadžić.

Als Oberbürgermeisterin der Geburtsstadt des größten deutschen Dichters sehe ich es von daher mit großer Freude, daß dieser Aspekt der kulturellen und geistigen Traditionen Europas anläßlich des internationalen Slawistenkongresses und der Vuk-Versammlung 1998 in Publikationsform vorgestellt wird.

Petra Roth
Oberbürgermeisterin
der Stadt Frankfurt am Main

Vuk Karadžić und seine Bedeutung innerhalb und ausserhalb Serbiens

Vuk Karadžić kommt gleichsam eine doppelte Rolle zu, einmal als dem Schöpfer einer neuen serbokroatischen Schriftsprache, dann aber auch als der Persönlichkeit, die die geistige Kultur seines Volkes im Ausland bekannt gemacht hat. Mit seiner Sammlung von Zeugnissen der serbischen Volksdichtung lenkte er sehr bald die Aufmerksamkeit anderer europäischer Länder auf Serbien. Persönlichkeiten wie Bartholomäus Kopitar, Jacob Grimm und Johann Wolfgang von Goethe förderten die Pläne Karadžićs, während er innerhalb seines eigenen Landes mit großem Widerstand, insbesondere seitens der serbischorthodoxen Kirche fertig werden mußte. Seine Schriftreform konnte sich daher erst sehr spät durchsetzen, während ihm die Anerkennung in Österreich und Deutschland längst sicher war. Das Zustandekommen einer gemeinsamen Schriftsprache der Kroaten und der Serben, äußerlich sichtbar und wirksam geworden mit dem Miener Abkommen von 1850 ist ebenfalls ein Verdionst Vuk Karadžićs gewesen.

Vuk Stefanović Karadžić wurde am 26. Oktober 1767 in Tršić an der Drina geboren und starb am 26. Januar / 7. Februar 1864 in Wien. Mit der Einführung einer neuen Schriftsprache brach Karadžić mit der serbisch-kirchenslawischen Schrifttradition und auf Anregung von B. Kopitar veröffentlichte er 1814 seine „Pismenica", die ein Jahrzehnt später 1824 unter dem Titel „Grammatik der serbischen Sprache nach der Mundart des einfachen Volkes" von Jacob Grimm mit einer Vorrede veröffenlicht wurde. Bis zum Jahre 1836 verbesserte Karadžić die Rechtschreibung der serbischen Sprache so, daß sie bis heute ausschlaggebend für die Schreibung nicht nur in kyrillischer, sondern auch in lateinischer Schrift geblieben ist. In den Jahren

1814/15 wurden von Vuk Karadžić zwei bände seiner „Narodne srpske pjesme" veröffentlicht, die später die Grundlage für die Kenntnis der Volkssprache und der Volksepik darstellten, so daß diese in den Jahren 1891 bis 1902 in neun Bänden veröffentlicht werden konnten. Es folgten in den Jahren 1821 bis 1853 die „Narodne srpske pripovijetke", im Jahre 1836 eine Sammlung von Sprichwörtern unter dem Titel „Narodne srpske poslovice", die 1849 in erweiterter Form erneut aufgelegt wurden. Bereits 1818 veröffentlichte Vuk Karadžić sein serbischen Wörterbuch unter dem Titel „Srpski rječnik".

Über Serbien hinaus wurde Karadžić Sürachreform als vorbildlich betrachtet, weil er die Sprache seines Volkes mit einer verständlichen, einfachen und nicht traditionsgebundenen Rechtschreibung zu verbinden verstanden hatte. In direktem Zusammenhang mit seiner Sprachreform steht die Übersetzung des Neuen Testamentes ins Serbische durch Karadžić. Karadžić floh nach dem Scheitern des serbischen Aufstandes im Jahre 1813 nach Wien, wo er unter Anleitung von Kopitar seine Sprachreform über vier Jahre vorbereiten konnte. Vollendet war das Reformwerk Karadžićs erst, als nach seinem Tod im Jahre 1868 seine Rechtschreibung vollends akzeptiert worden war, nachdem er auf mehrere kirchenslawische Schriftzeichen in der neuen serbischen Graphie verzichtet hatte. Eine wichtige Rolle bei der Durchsetzung der Vukschen Reformen spielte der Sprachwissenschaftler DANIČIĆ, gestorben im Jahre 1882, der als Übersetzer des Alten Testamentes ins Serbische für die Erneuerung in Serbien eine Vuk vergleichbare, wenn auch nicht so beherrschende Rolle spielte. Aber nicht nur bei den Serben, sondern auch bei den Kroaten setzte sich bereits gegen Ende der 30-er Jahre des 19. Jahrhunderts dank der Initiativen Ljudevit GAJs die Vuksche Rechtschreibung durch, so daß damit der Weg für eine gemeinsame Schriftsprache frei geworden war. Ljudevit GAJ hatte 1830 in Ofen (Pest) eine „Kurze Grundlegung der kroatisch-slawischen Rechtschreibung" herausgegeben, wo nach dem Vorbild der tschechischen Rechtschreibung diakritische Zeichen eingeführt wurden, wie sie noch immer in der kroatisch-lateinischen Variante der Rechtschreibung des Serbokroatischen Verwendung finden. Wenn man über lange Zeit hin, vielleicht auch heute noch unter linguistischen Gesichtspunkten von einer „serbokroatischen

Sprache" sprechen kann, so ist dies ebenfalls ein Verdienst von Vuk Karadžić. Karadžićs Bestrebungen gingen aber auch dahin, die deutsche Sprache mit einzubeziehen, was mit seinem „Lexicon serbico-germanico-latinum" deutlich wird, das lange Jahre nach seinem Tod im Jahre 1898 in dritter Auflage in Belgrad noch veröffentlicht wurde.

Mit einer Skizze ihrer Wechselwirkung und Freundschaft hat M. Vukić das Verhältnis zwischen Karadžić, Grimm und Goethe dargestellt bereits 1880 gingen Pypin und Spasovič in der deutschen Fassung ihrer „Geschichte der slavischen Literaturen" auf die Bedeutung von Karadžić in der Entwicklung der Literaturen der slawischen Völker ein. M. Murko würdigte 1908 ausführlich in seinen „Südslawischen Literaturen" die Leistung Karadžić und auch G. Gesemann geht in seinen 1926 erstmals veröffentlichten „Studien zur südslawischen Volksepik" auf ihn ein. Das serbische Volkslied in der deutschen Literatur und damit Vuk Karadžić in Deutschland war Gegenstand einer Abhandlung von M. Ćurčin aus dem Jahre 1908. Im Jahre 1977 behandelte V. Bojić in einer eigenen Monographie Jacob Grimm und Vuk Karadžić.

Bereits im Jahre 1849 wählte die „Serbische Gelehrte Gesellschaft" in Belgrad Jacob Grimm zu ihrem korrespondierenden Mitglied und Mitte November 1985 veranstaltete die Serbische Akademie der Wissenschaften und Künste in Belgrad eine Internationale Wissenschaftliche Tagung über Jacob Grimm. Anläßlich des 150. Jahrestages des Erscheinens von Karadžićs „Kleiner serbischer Grammatik übersetzt mit einer Vorrede von Jacob Grimm" wurde vom Verlag Otto Sagner/München und dem Prosveta-Verlag/Beograd eine Neuausgabe dieses epochemachenden Werkes durchgeführt, eingeleitet von Miljan Mojašević und Peter Render. So zeigt sich, wie lebendig und aktuell zugleich das Wirken von Vuk Karadžić nicht nur in Serbien, sondern auch in Deutschland geblieben ist – Anlaß genug mit den folgenden Ausführungen erneut das Andenken an das Wirken Karadžićs lebendig zu halten.

Helmut W. Schaller

Vorwort

Die vorliegende Arbeit stellt den Versuch dar, den Einfluß, den Jacob Grimm auf Vuk Karadžić ausgeübt hat, von einer bis jetzt in der Forschung noch nicht behandelten Seite her zu beleuchten.

Bei dieser Untersuchung wird Vuk Karadžić häufig nur 'Vuk' genannt. Der Name 'Vuk' hat sich in der slavistischen Forschung eingebürgert. Auch in dem Briefwechsel zwischen Vuk, Grimm, Goethe und Kopitar, wird Vuk Karadžić nur 'Vuk' genannt.

Der Briefwechsel zwischen Vuk und Grimm enthält zahlreiche orthographische und stillistische Fehler, die vermutlich Vuk selber, teilweise aber auch Ljubomir Stojanović, dem Herausgeber des Briefwechsels Vuk-Grimm, zuzuschreiben sind. Um die Echtheit der Quellen zu wahren, werden diese Fehler überall dort, wo sie nicht den Sinn des Textes entstellen, übernommen. Die von mir übersetzten Sprichwörter und Außerungen Vuks sind nach Möglichkeit wortgetreu ins Deutsche übertragen.

Wertvolle Hinweise bei der Beschaffung der erforderlichen Literatur verdanke ich den Herren Professoren der Belgrader Universität: Dr. Miljan Mojašević, Dr. Miroslav Pantić, Dr. Radovan Samardžić, Dr. Golub Dobrašinović, ferner den Herren Professoren Dr. Josef Matl, Graz; Dr. Alois Schmaus, München; Dr. Herbert Peukert, Jena; und Herrn Dr. Ludwig Denecke, Direktor des Brüder Grimm-Museums in Kassel.

Diese Arbeit ist auf Anregung und unter der Leitung von Herrn Professor Dr. Friedrich-Wilhelm Neumann entstanden, wofür ich ihm an dieser Stelle meinen herzlichsten Dank aussprechen möchte.

Vuk Karadžić zwischen Grimm und Goethe.
Eine Skizze ihrer Wechselwirkung und Freundschaft

Auf Anregung von Jacob Grimm übersetzte Vuks Tochter Wilhelmine südslavische Märchen ins Deutsche. Jacob Grimm selbst schrieb das Vorwort dazu, in dem er Vuk Karadžić seinen verehrten Freund nennt und dessen Sammlung als bewundernswert lobt. Dieses Beispiel spricht eindeutig dafür, daß die auch heute gepflegten deutsch-südslavischen kulturellen Beziehungen eine lange Tradition haben.

Während im 18. Jahrhundert die Einflüsse verschiedener Nachbarländer in den südslavischen Literaturen zu spüren waren, übte am Anfang des 19. Jahrhunderts die deutsche Literatur den größten Einfluß aus. Die Beziehungen zu den Deutschen waren wie heutzutage sehr mannigfaltig und haben sich unter sehr verschiedenen historischen, politischen und wirtschaftlichen Verhältnissen entfaltet. Selbst die beiden letzten Kriege haben diesen Entwicklungsprozeß nicht aufhalten und beeinträchtigen können. Der deutsche Einfluß war im südslavischen Raum schon immer ausgeprägt, und es ist kein Wunder, daß die deutsche Sprache – neben dem Englischen – die am meisten verbreitete Fremdsprache ist. Dieser Einfluß hat sich entwickelt, obwohl die südslavischen Völker unter österreichischer bzw. türkischer Herrschaft standen und einen heroischen Befreiungskampf führten.

Die in Westeuropa fast unbekannten südslavischen Volkslieder stießen zuerst bei den deutschen Wissenschaftlern und Dichtern auf Sympathien. Goethe übersetzt die Volksballade Klagegesang von der edlen Frauen des Asan-Aga. Jacob Grimm lernt intensiv Serbisch, und als guter Kenner dieser Sprache hat er als erster Volkslieder übersetzt und in Deutschland und darüber hinaus in der ganzen westlichen Welt populär gemacht.

Das Verständnis für die südslavische Volksdichtung förderte auch das politische Verstehen. So schrieb der berühmte deutsche

Historiker Leopold von Ranke die Geschichte der serbischen Revolution, die von großer Sympathie für das serbische Volk erfüllt ist. Vuk hat seinerzeit Leopold von Ranke kennengelernt. So ist in Hamburg – 1829 – das bekannte Werk Rankes *Die serbische Revolution aus serbischen Papieren und Mitteilungen* erschienen. Vuk hat Ranke Material für dieses Werk zur Verfügung gestellt. Ranke betont im Vorwort, daß sein Werk in gemeinsamer Arbeit mit Vuk entstanden ist, und im Briefwechsel mit Vuk nennt er dieses Werk „*unser* Werk" und schickt Vuk die Hälfte des Honorars.

Vuks Leben

Wer war nun dieser Vuk?

Vuks Vorfahren stammen aus Montenegro und gehören zu der Sippe Vasojevići in Nikšić. In den 40er Jahren des 18. Jahrhunderts siedelte Vuks Großvater Joksim Bandula aus dem Dorf Petnica in Hercegovina nach Tršić in Serbien um. Tršić war durch die Auswirkungen der Pest fast menschenleer, aber reich an Wald und Wasser. Joksims Sohn Stevan heiratete Jegda Zrnić aus Nikšić. Nachdem ihr 5 Kinder hintereinander in kurzen Abständen starben, wurde als 6. Kind, am 26. Oktober bzw. 7. November 1787, ein Sohn geboren. Man nannte ihn Vuk. Später, in seinem Serbischen Wörterbuch, erklärt Vuk seinen eigenen Taufnamen:

Wenn eine Frau, der lange keine Kinder beschieden waren, einen Sohn zur Welt bringt, so wird ihm der Name Wolf (Vuk) gegeben, weil man glaubt, ihre Kinder seien von Hexen gefressen worden, die es aber nicht wagten, auf einen Wolf loszugehen.

Vuks Mutter, in Nikšić geboren, dem Ort, wo die Helden wachsen – wie es auch die Karadžićs waren –, war mit dem Aussehen ihres Sohnes äußerst unzufrieden. Er war klein und schwächlich. Deshalb hat sie sich mehr um Vuks jüngeren Bruder gekümmert. Vuk hat sich in seinem langen Leben an alles erinnert. Über Mutterliebe hat er keine einzige Zeile geschrieben. Stattdessen vermerkt er einmal, „daß den Frauen aus Nikšić die Heldentaten wichtiger sind als die Liebe".

Vuk war mit Anna Kraus, einer Deutschen aus Wien, verheiratet. Als seine Schwiegermutter – etwa 20 Jahre nach dem Tod seiner Mutter – starb, schrieb er, daß er seine Schwiegermutter, eine Fremde, eine Deutsche, mehr geliebt hat als seine eigene Mutter.

Ein Verwandter Vuks, Jefto Savić, machte als erster Vuk mit den Buchstaben vertraut. In Wasser aufgelöstes Schießpulver diente als Tinte, Patronenverpackungen als Schreibpapier, Baumrinden als Tafel, auf die der kleine Vuk mit reifen Brombeeren schrieb. Sein Verwandter Jefto besorgte ihm auch eine Moskauer Fibel, von der sich der kleine Hirtenjunge nie trennte. Mit dem Buch bei sich lief er hinter der Herbe her. In Serbien waren damals Schulen eine große Rarität. Er sprach die vorüberkommenden Kaufleute und Priester an, weil er glaubte, sie seien lesekundig, um sich einzelne Buchstaben erklären zu lassen. Nicht selten bekam er zur Antwort: „Wahrlich, mein Sohn, ich weiß es selbst nicht."

Die weiteren Etappen seines Lebens folgen rasch aufeinander und sind sehr abwechslungsreich. Sein Vater brachte ihn in die im Nachbarort Loznica gelegene Schule. Eine Fibel gab es dort nicht. Die Kinder mußten aus handgeschriebenen Texten Lesen lernen. Vuk konnte nur kurze Zeit in der Schule bleiben. Als in Srem die Pest ausbrach, mußte die Schule geschlossen werden. Später brachte ihn der Vater in das Kloster Tronoša. Statt daß die Mönche ihn belehrten, mußte Vuk sie bedienen, Ziegen hüten und allerlei andere Arbeiten verrichten. Gelernt hat er dort nichts. Aus diesem Grund hat ihn der Vater nach kurzer Zeit wieder zurückgeholt, damit er die eigenen Ziegen hüte und nicht fremde. Daß Vuk des Lesens und Schreibens kundig war, hatte sich weit herumgesprochen. Als Karađorđe 1804 zum Aufstand gegen die Türken aufrief, waren die Männer aus Tršić und Umgebung mit dabei. Der Hajduken-Führer Đorđe Ćurčija nahm Vuk, den 16jährigen Aufständischen, als Schreiber in seine Dienste, 1805 ging Vuk nach Sremski Karlovci und war Gastschüler an der dortigen Schule. Den Unterricht durfte er von der letzten Bank aus anhören. Ins Gymnasium konnte er sich nicht einschreiben lassen: einmal wegen seiner Armut und weil er zu alt war, und zum anderen, weil er kein Zeugnis über die Absolvierung der Grundschule hatte. Man sagte ihm, daß das, was er gelernt habe, für Serbien genüge, um Pope, Lehrer oder Schreiber zu sein.

Im Frühjahr 1807 ist er in Loznica – auch wieder nur kurz – als Stabsschreiber des Herzogs Jakov Nenadović. Während dieser Zeit hat er viele serbische Heldenlieder gehört. Vuks Verwandter,

Jefto Savić, der inzwischen Mitglied des Aufstandsrates geworden ist, holt Vuk nach Belgrad. Vuk schrieb:

Außer Pfarrern und Mönchen konnte man unter 1000 Seelen kaum einen Menschen finden, der nur ein wenig lesen konnte. Und die Schreibkundigen, selbst unter den Pfarrern und Mönchen, waren selten.

In Belgrad hatte Vuk Gelegenheit, die Führer des serbischen Aufstandes kennenzulernen, was ihm für seine historischen Forschungsarbeiten von großem Nutzen war.

Anfang September 1808, zwei Jahre nach der Befreiung Belgrads, wurde die „Velika škola", eine Art Hochschule, gegründet. Nach Vuks Worten: „Wie sie die Serben nie und nirgends hatten". Bis dahin gab es in Belgrad nur zwei kleine Grundschulen. Bei der Einweihung der Velika škola begegeneten sich der alte berühmte Schriftsteller Dositej Obradović – Bahnbrecher der Ideen der Aufklärung in Serbien – und der unbekannte Schüler Vuk. Dositej hat seine Landsleute mit Europa bekanntgemacht – und Vuk später Europa mit seinen Landsleuten. Auch in der neuen Hochschule blieb Vuk leider nicht lange. Sein Leiden – eine schwere rheumatische Erkrankung – erfaßte Arme und Beine. Er verließ Belgrad und kehrte in seine Heimat zurück. Er versuchte dann im Heilbad Mahadija, in Novi Sad und Budim Heilung zu finden. Alles war vergeblich, sein linkes Bein wurde steif. Mit einer Stelze und einem versteiften Bein darauf kam der 22jährige nach Belgrad zurück. Seitdem war die grobe Stelze sein unzertrennlicher Gefährte. Vuk sagt darüber:

Hätte ich nicht diese Stelze, so wäre ich vielleicht durch die Türken ums Leben gekommen, wie so viele meiner Altersgenossen; meine Stelze aber zwang mich, Ruhe zu suchen und in Ruhe Bücher zu lesen, alles ruhig aufs Papier zu setzen, was ich gehört und mit dem Auge gesehen habe.

Kurze Zeit ist Vuk Lehrer an einer Grundschule in Belgrad. Dann wird er Leiter des Zollamtes in Kladovo, später Amtsrichter in Brza Palanka. Im Auftrag des Führers der serbischen Aufstandsbewegung, Karađorđe, ging er zu dem Türken Mulad Pascha nach Vidin und zu dem legendären Helden Hajduk Veljko nach Negotin, den er später sehr warm und plastisch geschildert hat. Ende des Sommers 1813 drangen die Türken immer mehr in Serbien ein und näherten sich Belgrad. Kurz vor ihrem Ansturm ließ sich Vuk von Grocka bei Belgrad aus auf die andere Donauseite übersetzen, die zum östereichischen Herrschaftsgebiet gehörte. Mitte November 1813 trifft er in Wien ein. Hier beginnt für Vuk eine ganz neue Epoche. Der Aufenthalt in Wien war von ausschlaggebender Bedeutung für seine Forschungsarbeiten auf sprachwissenschaftlichem und volkskundlichem Gebiet.

Zwei Menschen spielen eine dominierende Rolle in seinem Leben: Bartholomäus Kopitar und Jacob Grimm. Es scheint mir wichtig, eine Gegenüberstellung von Vuk und Jacob Grimm zu geben, die ihre freundschaftlichen Beziehungen und ihre Zusammenarbeit am besten widerspiegelt.

Vuk und Goethe

Die Begegnung zwischen Vuk und Jacob Grimm ist dem Slovenen Jernej Kopitar zu verdanken, die Begegnung zwischen Vuk und Goethe ist Kopitar und Jacob Grimm zu verdanken.

Wien und Deutschland waren damals tatsächlich Vuks zweite Heimat und Mittelpunkt seiner literarisch-sprachwissenschaftlichen Tätigkeit. Die deutschen Wissenschaftler und Dichter wie Goethe, Jacob Grimm und Leopold von Ranke leisteten Vuk unschätzbare Hilfe. Kopitar gab die stärkste Anregung zu Vuks Bekanntschaft mit Jacob Grimm und überredete Vuk, von Leipzig nach Weimar zu gehen, um Goethe kennenzulernen, der bereits mit serbokroatischer Volkspoesie in Berührung gekommen war, nicht zuletzt durch seine Nachdichtung vom *Klaggesang von der edlen Frauen des Asan-Aga*.

Jacob Grimm war begeistert von der Idee, daß Vuk persönlich Goethe kennenlernen sollte, und gab ihm ein Empfehlungsschreiben an Goethe mit. Zweimal war Vuk bei Goethe in Weimar zu Besuch. Das genaue Datum der ersten Begegnung ist nicht genau festzustellen. In Goethes Tagebuch finden wir unter dem 10. 11. 1823 folgenden Vermerk: „... von dem serbischen Vuk interessante Lieder genannter Nation". Vuk war zugleich erregt und begeistert, dem größten deutschen Dichter begegnen zu können. Vuk berichtet über seinen Besuch bei Goethe ausführlich und mit vielen Einzelheiten an Kopitar in einem Brief vom 23. 10. 1823:

In Weimar war ich acht Tage und ich kann ruhig sagen, daß dies die eindrucksvollsten Tage meines bisherigen Lebens waren.

Jacob Grimm gab Vuk einen Brief für Goethe mit, in dem der deutsche Philologe die serbischen Volkslieder lobte und dem er auch seine Übersetzung eines der schönsten Volkslieder, *Dioba Jakšića,* beifügte.

Vuk schildert seinen Aufenthalt in Weimar:

Als ich in Goethes Haus eintrat, übergab ich Grimms Schreiben dem Kammerdiener, am Abend, gerade in dem Augenblick, als sich Goethe anschickte, mit der Kutsche irgendwohin hinauszufahren. Der Kammerdiener trug meinen Brief fort, kehrte schnell zurück und teilte mir mit, Ihre Exzellenz habe gesagt, es werde sie außerordentlich freuen, wenn ich sie morgen um elf Uhr besuchen würde. Als ich am nächsten Morgen kam, erwartete mich Goethe in der Mitte des Zimmers. Nach vielen Komplimenten setzten wir uns auf das Sofa, auf dem der entfaltete Brief von Grimm nebst der Übersetzung 'Erbschaftsteilung der Brüder Jakšić' und ein Bündel Zeitungen lagen.

Indem Goethe auf die Zeitungen wies, sagte er zu Vuk:

Sie sehen, daß Sie heute nicht das erste Mal in meinem Zimmer sind. Sie sind schon lange hier bei mir.

Und als Vuk die Augen auf die Zeitungen warf, sah er, daß dies Goethes Rezension seiner ersten Serbischen Grammatik war, in der er folgendes geschrieben hatte:

Auch brachte des werten Mannes Aufenthalt in Deutschland denselben in Berührung mit vorzüglichen Männern. Bibliothekar Grimm in Kassel ergriff mit der Gewandtheit eines Sprachgewaltigen auch das Serbische; er übersetzte die Vuksche Grammatik und begabte sie mit einer Vorrede. Wir verdanken ihm bedeutende Übersetzungen, die in Sinn und Silbenmaß jenes Nationelle wiedergeben.

Aus Vuks Worten fühlen wir, mit welchem Stolz ihn das Interesse und die Aufmerksamkeit des berühmten deutschen Dichters erfüllten, als er schrieb:

Jetzt können sie sich selbst denken, war für ein Triumph das für mich gewesen war.

Vuk schildert weiter im selben Brief, daß er sich mit Goethe lange über die serbischen Lieder unterhielt. Goethe hat ihm *Die Erbschaftsteilung der Brüder Jakšić* in der Grimmschen Übersetzung vorgelesen und nach einigen Versen Vuk gebeten, sie in der Originalsprache vorzutragen. Goethe versprach, dieses Volkslied drucken zu lassen, und hat kurz danach sein Versprechen eingelöst. Ferner hat Goethe Vuk ersucht, ihm einige Lieder wortwörtlich zu übersetzen und zuzuschicken. Auch Vuk hat sein Wort gehalten und schon am 8. November 1823 aus Leipzig Goethe die wörtliche Übersetzung einiger serbischer Volkslieder übersandt. Goethe bedankt sich mit einem Brief vom 20. 12. 1823:

Ew. Wohlgeb.

Haben mir durch die Übersendung einer wörtlichen Übersetzung vorzüglich schöner serbischer Lieder sehr viel Freude gegeben, sodann aber solche durch Grammatik u. Lexikon verdoppelt und verdreyfacht.

Ihre bedeutende Sprache hat hierdurch sich auch bey uns den Weg gebahnt, und unseren Forschern die Pflicht aufgelegt, sich emsig damit zu beschäftigen.

Verzeihen Sie aber, wenn ich sie abermals um eine Gefälligkeit ersuche, um eine gleichfalls wörtliche Übersetzung der hie beikommenden serbischen Lieder, besonders des letzten, worin sich ein artiges Ereignis hervorthut.

Leben Sie recht wohl, und bleiben meiner Theilnahme gewiss.

Weimar, den 20. Decemb. 1823
ergebenst
J. W. Goethe

Über den zweiten Besuch Vuks bei Goethe, der Mitte Februar 1824 stattfand, unterrichtet uns folgende Notiz in Goethes Tagebuch:

Vuk Stephanowitsch brachte die zwei ersten Bände seiner serbischen Lieder und einen Brief von Professor Vater.

Johann Wolfgang Goethe findet viel Sympathie und anerkennende Worte für Vuk und seine Tätigkeit:

Alles dieses war jedoch von keiner Folge, wenn nicht ein tüchtiger Mann, Namens Wuk Stephanowitsch Karadschitsch, geboren 1787 und erzogen an der Scheide von Serbien und Bosnien, mit seiner Muttersprache, die auf dem Lande viel reiner als in den Städten geredet wird, frühzeitig vertraut geworden wäre und ihre Volkspoesie lieb gewonnen hätte. Er benahm sich mit dem größten Ernst in dieser Sache und gab im Jahre 1814 in Wien eine Serbische Grammatik an den Tag und zugleich serbische Volkslieder, hundert an der Zahl.

Was Goethe für die serbokroatische Dichtung empfand und wie seine Beziehung zu dieser Dichtung war, charakterisiert folgendes Zitat aus seinen Werken:

Diese serbische, natürliche Poesie ist in jeder Hinisicht unserer Poesie würdig, sie verdient unsere Aufmerksamkeit und unsere Erörterung. Seit Homers Gedichten gab es in ganz Europa keine Erscheinung zu erwähnen, die uns den Sinn und das Entstehen des Epos hätte klar darlegen können, wie es mit der serbischen Poesie der Fall ist. Vuk Stephanowitsch Karadschitsch hat mit der Veröffentlichung dieser Poesie ewigen Ruhm errungen. Wir glauben, daß man jetzt wegen dieser Gedichte die slawische Sprache lernen wird.

Vuk, ein Hirtenjunge aus einem kleinen Dorf Westserbiens, hat durch seine Tätigkeit und seinen mutigen Kampf um die Reinheit der Sprache die größte Bedeutung für die Erforschung der serbokroatischen Sprache und der südslavischen Literatur erlangt. Ich fasse zum Abschluß zusammen, worin diese Bedeutung gesehen werden muß:

1. Vuk hat als erster serbische Volkslieder, Märchen und Sprichwörter gesammelt, redigiert und herausgegeben.

2. Die erste serbische Grammatik ist sein Werk.

3. Das erste serbische Wörterbuch ist ebenfalls eine seiner großen Leistungen: das umfangreiche Wortmaterial hat er an Ort und Stelle gesammelt, aufgezeichnet und erläutert. Dieses Werk dient auch heute noch als unentbehrliches Handbuch und stellt ein fruchtbares Forschungsfeld für Wissenschaftler verschiedener Fachrichtungen dar.

4. Seine Rezensionen gelten als Beginn der südslavischen Literaturkritik.

5. Vuk ist der erste Geschichtsschreiber der serbischen Aufstandsbewegung unter Karađorđe und Fürst Miloš Obrenović.

6. Er ist der Begründer, ja der Vater der serbischen bzw. der südslavischen Volkskunde.

7. Und schließlich ist Vuk Bahnbrecher und Anreger des 50-jährigen Kampfes um die serbische bzw. serbokroatische Sprache und Rechtschreibung. Er ist Schöpfer des serbischen Alphabets, in dem jeder Laut nur ein einziges Schriftzeichen hat.

Uneigennützige Hilfe Jacob Grimms und das große Interesse Goethes waren für die weitere Entwicklung von Vuks Sprachrevolution von außerordentlicher Bedeutung. Grimm und Vuk: zwei enthusiastische Liebhaber ihrer Sprache, die von völlig gegensätzlicher Herkunft und divergierenden Voraussetzungen doch ein und dasselbe Ziel verfolgten: ihrem Volk durch Erforschung, Sicherung des Bestandes und Entwicklung der Sprache nationale Substanz und Selbstgewißheit zu vermitteln.

J. W. GOETHE

Klaggesang Von der edlen Frauen des Asan-aga

Morlakisch.

Was ist weisses dort am grünen Walde?
Ist es Schnee wohl, oder sind es Schwäne?
Wär es Schnee da, wäre weggeschmolzen,
Wären's Schwäne, wären weggeflogen.
Ist kein Schnee nicht, es sind keine Schwäne,
'S ist der Glanz der Zelten Asan Aga;
Niederliegt er drein an seiner Wunde.

Ihn besucht die Mutter und die Schwester,
Schamhaft säumt sein Weib zu ihm zu kommen.

Als nun seine Wunde linder wurde,
Ließ er seinem treuen Weibe sagen:
„Harre mein nicht mehr an meinem Hofe,
Nicht am Hofe, und nicht bei den Meinen!"

Als die Frau dies harte Wort vernommen,
Stand die treue starr und voller Schmerzen,
Hört der Pferde Stampfen vor der Thüre,
Und es deucht ihr, Asan käm', ihr Gatte,
Springt zum Thurme, sich herab zu stürzen.
Aengstlich folgen ihr zwei liebe Töchter,
Rufen nach ihr, weinend bittre Thränen:
„Sind nicht unsers Vaters Asans Rosse!
Ist dein Bruder Pintorowich kommen."

Und es kehrt zurück die Gattin Asans,
Schlingt die Arme jammernd um den Bruder:
„Sieh die Schmach, o Bruder, deiner Schwester!
Mich verstossen! Mutter dieser Fünfe!"

Schweigt der Bruder und zieht aus der Tasche,
Eingehüllet in hochrothe Seide,
Ausgefertiget dem Brief der Scheidung,
Daß sie kehre zu der Mutter Wohnung,
Frei sich einem andern zu ergeben.

Als die Frau den Trauer: Scheidbrief sahe,
Küßte sie der beyden Knaben Stirne,
Küßt die Wangen ihrer beiden Mädchen.
Aber, ach! vom Säugling in der Wiege
Kann sie sich im bittern Schmerz nicht reissen;
Reißt sie los der ungestüme Bruder,
Hebt sie auf das muntre Roß behende,
Und so eilt er mit der bangen Frauen
Grad nach seines Vaters hoher Wohnung.

Kurze Zeit war's, noch nicht sieben Tage,
Kurze Zeit gnug, von viel grossen Herren
Liebe Frau in ihrer Witwen Trauer,
Liebe Frau zum Weib begehret wurde.

Und der größte war Imoskis Cadi.
Und die Frau bat weinend ihren Bruder:
„Ach, bei deinem Leben! bitt ich, Bruder:

Gib mich keinem andern mehr zur Frauen,
Daß das Wiedersehen meiner lieben
Armen Kinder mir das Herz nicht breche."

Ihre Reden achtet nicht der Bruder,
Fest Imoskis Cadi sie zu trauen.
Doch die Frau, sie bittet ihn unendlich:
„Schicke wenigstens ein Blat, o Bruder,
Mit den Worten zu Imoskis Cadi:
Dich begrüßt die junge Wittib freundlich,
Und läß durch dies Blat dich höchlich bitten,
Daß, wenn dich die Suaten her begleiten,
Du mir einen langen Schleier bringest,
Daß ich mich vor Asans Haus verhülle,
Meine lieben Waisen nicht zu sehen."

Kaum ersah der Cadi tiefes Schreiben,
Als er seine Suaten alle sammelt,
Und zum Wege nach der Braut sich rüstet,
Mit dem Schleier, den sie heischte, tragend.

Glücklich kamen sie zur Fürstin Hause,
Glücklich sie mit ihr vom Hause wieder;
Aber als sie Asans Wohnung nahten,
Sahn die Kinder oben ab die Mutter,
Riefen: „Komm zu deinen Kindern wieder,
Iß mit uns das Brod in deiner Halle!"
Traurig hört es die Gemahlin Asans,
Kehrete sich zu der Suaten Fürsten:
„Bruder, laß die Suaten und die Pferde
Halten wenig vor der lieben Thüre,
Daß ich meine Kleinen noch beschenke."

Und sie hielten vor der lieben Thüre.
Und den armen Kindern gab sie Gaben,
Gab den Knaben goldgestickte Stiefel
Gab den Mädchen lange reiche Kleider,
Und dem Säugling hülflos in der Wiegen
Gab sie für die Zukunft auch ein Röckchen.

Das beiseit sah Vater Asan Aga,
Rief gar traurig seinen lieben Kindern:
„Kehrt zu mir, ihr lieben armen Kleinen,
Eurer Mutter Brust ist Eisen worden,
Fest verschlossen, kann nicht Mitleid fühlen!"
Wie das hörte die Gemahlin Asans,
Stürzt' sie bleich, den Boden schütternd, nieder,
Und die Seel' entfloh dem bangen Busen,
Als sie ihre Kinder vor sich fliehn sah.

V. Fortis, *Putovanje,* dio I, str. 150 ili Običaji Morlaka, Bern 1775, str. 90. Prevod ove divne pesme nije moj, nadam se da ću ubuduće imati više sličnih.

Herder: *Volkslieder,* 1778, str. 309–314 i 330.

Serbische Lieder

Schon seit geraumer Zeit gesteht man den verschiedenen eigentümlichen Volksdichtungen einen besondern Wert zu, essei nun, daß dadurch die Nationen im ganzen ihre Angelegenheiten, auf große Staats-und Familienverhältnisse, auf Einigkeit und Streit, auf Bündnisse und Krieg bezüglich, überliefern oder daß die Einzelnen ihr stilles, häusliches und herzliches Interesse vertraulich geltend machen. Bereits ein halbes Jahrhundert hindurch beschäftigt man sich in Deutschland ernstlich und gemütlich damit, und ich leugne nicht, daß ich unter diejenigen gehöre, die ein auf diese Vorliebe gegründetes Studium unablässig selbst fortsetzten, auf alle Weise zu verbreiten und zu förden suchten; wie ich denn auch gar manche Gedichte, dieser Sinnes-und Gesangesart verwandt, von Zeit zu Zeit dem rein fühlenden Komponisten entgegenzubringen nicht unterließ.

Hiebei gestehen wir denn gerne, daß jene sogenannten Volkslieder vorzüglich Eingang gewinnen durch schmeichelnde Melodien, die in einfachen, einer geregelten Musik nicht anzupassenden Tönen einherfließen, sich meist in weicher Tonart ergehen und so das Gemüt in eine Lage des Mitgefühls versetzen, in der wir, einem gewissen allgemeinen unbestimmten Wohlbehagen wie den Klängen einer Äolsharfe hingegeben, mit weichlichem Genusse gern verweilen und uns in der Folge immer wieder sehnsüchtig darnach zurückbestreben.

Sehen wir aber endlich solche Gedichte geschrieben oder wohl gar gedruckt vor uns, so werden wir ihnen nur alsdann entschiedenen Wert beilegen, wenn sie auch Geist und Verstand, Einbildungs-und Erinnerungskraft aufregend beschäftigen und uns eines ursprünglichen Volksstammes Eigentümlichkeiten in unmittelbar gehaltvoller Überlieferung klar und auf das bestimmteste vor die Anschauung führen darbringen, wenn sie uns die Lokalitäten, woran der Zustand gebunden ist, und die daraus hergeleiteten Verhältnisse.

Indem nun aber solche Gesänge sich meist aus einer späteren Zeit herschreiben, die sich auf eine frühere bezieht, so verlangen wir von ihnen einen angeerbten, wenn auch nach und nach modifizierten Charakter zugleich mit einem einfachen, den ältesten Zeiten gemäßen Vortrag; und in solchen Rücksichten werden wir uns an einer natürlichen, kunstlosen Poesie nur enfache, vielleicht eintönige Rhythmen gefallen lassen.

Von gar Mannigfaltigem, was in dieser Art neuerlich mitgeteilt worden, nennen wir nur die neugriechischen, die bis in die letzten Zeiten heraufreichen, an welche die serbischen, obgleich altertümlicher, gar wohl sich anschließen oder vielmehr nachbarlich ein-und übergreifen.

Nun bedenke man aber einen Hauptpunkt, den wir hervorzuheben nicht verfehlen: solche Nationalgedichte sind einzeln, außer Zusammenhang nicht füglich anzusehen, noch weniger zu beurteilen, am wenigsten dem rechten Sinne nach zu genießen. Das allgemein Menschliche wiederholt sich in allen Völkern, gibt aber unter fremder Tracht, unter fernem Himmel kein eigentliches Interesse; das Besonderste aber eines jeden Volks befremdet nur, es erscheint seltsam, oft widerwärtig, wie alles Eigentümliche, das wir noch nicht in einen Begriff auffassen, uns doch nicht anzueignen gelernt haben: in Masse muß man deshalb dergleichen Gedichte vor sich sehen, da alsdann Reichtum und Armut, Beschränktheit oder Weitsinn, tiefes Herkommen oder Tagesflachheit sich eher gewahren und beurteilen läßt.

Verweilen wir aber nicht zu lange im allgemeinen Vorworte und treten unser Geschäft ungesäumt an. Wir gedenken von serbischen Liedern zunächst zu sprechen.

Man erinnere sich jener Zeiten, wo unzählbare Völkerschaften sich von Osten her bewegen, wandernd, stockend, drängend, gedrängt, verwüstend, anbauend, abermals im Besitz gestört und ein altes Nomadenleben wieder von vorn beginnend.

Serben und Verwandte, von Norden nach Osten wandernd, verweilen in Macedonien und kehren bald nach der Mitte zurück, nach dem eigentlichen sogenannten Serbien.

Das ältere serbische Lokale wäre nun vor allen Dingen zu betrachten, allein es ist schwer, sich davon in der Kürze einen Begriff zu machen. Es blieb sich wenige Zeiten gleich, wir finden es bald ausgedehnt, bald zusammengedrängt, zersplittert oder gesammelt, wie innere Spaltung oder äußerer Druck die Nation bedingte.

Auf alle Fälle denke man sich die Landschaft weiter und breiter als in unsern Zeiten, und will man sich einigermaßen an Ort und Stelle versetzen, so halte man vorerst an dem Zusammenfluß der Save mit der Donau, wo wir gegenwärtig Belgrad gelegen finden. Bewegt sich die Einbildungskraft an dem rechten Ufer des erstern Flusses hinauf, des andern hinunter, hat sie diese nördliche Grenze gewonnen, so erlaube sie sich dann, südwärts ins Gebirg und darüber weg bis zum Adriatischen Meer, ostwärts bis gegen Montenegro hin zu schweifen.

Schaut man sich sodann nach näheren und fernen Nachbarn um, so findet man Verhältnisse zu den Venezianern, zu den Ungarn und sonstigen wechselnden Völkern, vorzüglich aber in früherer Zeit zum griechischen Kaisertum, bald Tribut gebend, bald empfangend, bald als Feind, bald als Hilfsvolk; späterhin bleibt mehr oder weniger dasselbe Verhältnis zum türkischen Reich.

Wenn nun auch die zuletzt Eingewanderten eine Liebe zu Grund und Boden in der Flußregion der Donau gewannen und, um ihren Besitz zu sichern, auf den nächsten und fernern Höhen so Schlösser als befestigte Städte erbauten, so bleibt das Volk immer in kriegerischer Spannung; ihre Verfassung ist eine Art von Fürstenverein unter dem losen Band eines Oberherrn, dem einige auf Befehl, andere auf höfliches Ersuchen wohl Folge leisten.

Bei der Erbfolge jedoch größerer und kleinerer Despoten hält man viel, ja ausschließlich auf uralte Bücher, die entweder in der Hand der Geistlichkeit verwahrt liegen oder in den Schatzkammern der einzelnen Teilnehmer.

Überzeugen wir uns nun, daß vorliegenden Gedichten, so sehr sie auch der Einbildungskraft gehören, doch ein historischer Grund, ein wahrhafter Inhalt eigen sei, so entsteht die Frage: inwiefern die Chronologie derselben auszumitteln möglich, d. h. hier, in welche Zeit das Faktum gesetzt, nicht aus welcher Zeit das Gedicht sei, eine Frage, die ohnehin bei mündlich überlieferten Gesängen sehr schwer zu beantworten sein möchte. Ein altes Faktum ist da, wird erzählt, wird gesungen, wieder gesungen; wann zum ersten-oder zum letztenmal, bleibt unerörtert.

Und so wird sich denn auch jene Zeitrechnung serbischer Gedichte erst nach und nach ergeben. Wenige scheinen vor Ankunft der Türken in Europa, vor 1355, sich auszusprechen, sodann aber bezeugen mehrere deutlich den Hauptsitz des türkischen Kaisers in Adrianopel; spätere fallen in die Zeit, wo nach Eroberung von Byzanz die türkische Macht den Nachbarn immer fühlbarer wurde; zuletzt sieht. man in den neusten Tagen Türken und Christen friedlich durcheinander leben, durch Handel und Liebesabenteuer wechselseitig einwirkend.

Die ältesten zeichnen sich bei schon bedeutender Kultur durch abergläubisch-barbarische Gesinnungen aus; es finden sich Menschenopfer, und zwar von der widerwärtigsten Art. Eine junge Frau wird eingemauert, damit die Feste Skutari erbaut werden könne, welches um so roher erscheint, als wir im Orient nur geweihte Bilder gleich Talismanen an geheimgehaltenen Orten in den Grund der Burgen eingelegt finden, um die Unüberwindlichkeit solcher Schutz-und Trutzgebäude zu sichern.

Von kriegerischen Abenteuern sei nun billig vorerst die Rede. Ihr größter Held, Marko, der mit dem Kaiser zu Adrianopel in leidlichem Verhältnis steht, kann als ein rohes Gegenbild zu dem griechischen Herkules, dem persischen Rustan auftreten, aber freilich in scythisch höchst barbarischer Weise. Er ist der oberste und unbezwinglichste aller serbischen Helden, von grenzenloser Stärke, von unbedingtem Wollen und Vollbringen. Er reitet ein Pferd hundertundfunfzig Jahre und wird selbst dreihundert Jahr alt; er stirbt zuletzt bei vollkommenen Kräften und weiß selbst nicht, wie er dazu kommt.

Die früheste dieser Epochen sieht also ganz heidnisch aus, die mittleren Gedichte haben einen christlichen Anstrich; er ist aber eigentlich nur kirchlich. Gute Werke sind der einzige Trost dessen, der sich große Untaten nicht verzeihen kann. Die ganze Nation ist eines poetischen Aberglaubens; gar manches Ereignis wird von Engeln durchflochten, dagegen keine Spur eines Satans; rückkehrende Tote spielen große Rollen; auch durch wunderliche Ahnungen, Weissagungen, Vögelbotschaften werden die wackersten Menschen verschüchtert.

Über alle jedoch und überall herrscht eine Art von unvernünftiger Gottheit. Durchaus waltet ein unwiderstehlich Schicksalswesen, in der Einöde hausend, Berg und Wälder bewohnend, durch Ton und Stimme Weissagung und Befehl erteilend, Wila genannt, der Eule vergleichbar, aber auch manchmal in Frauengestalt erscheinend, als Jägerin höchst schön gepriesen, endlich sogar als Wolkensammlerin geltend, im allgemeinen aber von den ältesten Zeiten her – wie überhaupt alles sogenannte Schicksal, das man nicht zur Rede stellen darf – mehr schadend als wohltätig.

In der mittlern Zeit haben wir den Kampf mit den überhandnehmenden Türken zu beachten bis zur Schlacht vom Amselfelde 1389, welche durch Verrat verloren wird, worauf die gänzliche Unterjochung des Volkes nicht ausbleibt. Von den Kämpfen des Czerny Georg sind wohl auch noch dichterische Denkmale übriggeblieben; in der allerneusten Zeit schließen sich die Stoßseufzer der Sulioten unmittelbar an, zwar in griechischer Sprache, aber im allgemeinen Sinn unglücklicher Mittelnationen, die sich nicht in sich selbst zu gründen und gegen benachbarte Macht nicht ins Gleichgewicht zu setzen geeignet sind.

Die Liebeslieder, die man aber auch nicht einzeln, sondern in ganzer Masse an sich herannehmen, genießen und schätzen kann, sind von der größten Schönheit; sie verkünden vor allen Dingen ein ohne allen Rückhalt vollkommenes Genügen der Liebenden aneinander; zugleich werden sie geistreich, scherzhaft anmutig; gewandte Erklärung, von einer oder von beiden Seiten, überrascht und ergötzt; man ist klug und kühn, Hindernisse zu besiegen, um zum ersehnten Besitz zu gelangen; dagegen wird eine schmerzlich empfundene unheilbare Trennung auch wohl durch Aussichten über das Grab hinüber beschwichtigt.

Alles, was es auch sei, ist kurz, aber zur Genüge dargestellt, meistens eingeleitet durch eine Naturschilderung, durch irgend ein landschaftliches Gefühl oder Ahnung eines Elements. Immer bleiben die Empfindungen die wahrhaftesten. Ausschließliche Zärtlichkeit ist der Jugend gewidmet, das Alter verschmäht und hintangesetzt; allzu willige Mädchen werden abgelehnt und verlassen; dagegen erweist sich auch wohl der Jüngling flüchtig ohne Vorwand, mehr seinem Pferd als seiner Schönen zugetan. Hält man aber ernstlich und treulich zusammen, so wird gewiß die unwillkommene Herrschaft eines Bruders oder sonstiger Verwandten, wenn sie Wahl und Neigung stört, mit viel Entschlossenheit vernichtet.

Solche Vorzüge werden jedoch nur an und durch sich selbst erkannt, und es ist schon gewagt, die Mannigfaltigkeit der Motive und Wendungen, welche wir an den serbischen Liebesliedern bewundern, mit wenig Worten zu schildern, wie wir gleichwohl in folgendem zu Anregung der Aufmerksamkeit zu tun uns nicht versagen.

1) Sittsamkeit eines serbischen Mädchens, welches die schönen Augenwimpern niemals aufschlägt; von unendlicher Schönheit.[2] Scherzhaft leidenschaftliche Verwünschung eines Geliebten.[3] Morgengefühl einer aufwachenden Liebenden; der Geliebte schläft so süß, sie scheut sich, ihn zu wecken.[4] Scheiden zum Tode; wunderbar: Rose, Becher und Schneeball.[5] Sarajevo durch die Pest verwüstet.[6] Verwünschung einer Ungetreuen.[7] Liebesabenteuer; seltsamlich: Mädchen im Garten.[8] Freundesbotschaft, der Verlobten gebracht durch zwei Nachtigallen, welche ihren dritten Gesellen, den Bräutigam, vermissen.[9] Lebensüberdruß über ein erzürntes Liebchen; drei Wehe sind ausgerugen.[10] Innerer Streit des Liebenden, der als Brautführer seine Geliebte einem Dritten zuführen soll.[11] Liebeswunsch; ein Mädchen wünscht ihrem Geliebten als quellender Bach durch den Hof zu fließen.[12] Jagdabenteuer; gar wunderlich.[13] Besorgt um den Geliebten, will das Mädchen nicht singen, um nicht froh zu scheinen.[14] Klage über Umkehrung der Sitten, daß der Jüngling die Witwe freie, der Alte die Jungfrau.[15] Klage eines Jünglings, daß die Mutter der Tochter zu viel Freiheit gebe.[16] Das Mädchen schilt den Wankelmut

der Männer.[17] Vertraulich-frohes Gespräch des Mädchens mit dem Pferde, das ihr seines Herrn Neigung und Absichten verrät.[18] Fluch dem Ungetreuen.[19] Wohlwollen und Sorge.[20] Die Jugend dem Alter vorgezogen, auf gar liebliche Weise.[21] Unterschied von Geschenk und Ring.[22] Hirsch und Wila; die Waldgöttin tröstet den liebekranken Hirsch.[23] Mädchen vergiftet ihren Bruder, um den Liebsten zu erlangen.[24] Mädchen will den Ungeliebten nicht.[25] Die schöne Kellnerin; ihr Geliebter ist nicht mit unter den Gästen.[26] Liebevolle Rast nach Arbeit; sehr schön! es hält Vergleichung aus mit dem „Hohenliede".[27] Gebundenes Mädchen, Kapitulation um Erlösung.[28] Zwiefache Verwünschung, ihrer eigenen Augen und des ungetreuen Liebhabers.[29] Vorzug des kleinen Mädchens und sonstiger Kleinheiten.[30] Finden und zartes Aufwecken der Geliebten.[31] Welchen Gewerbes wird der Gatte sein?[32] Liebesfreuden verschwatzt.[33] Treu im Tode; vom Grabe aufblühende Pflanzen.[34] Abhaltung; die Fremde fesselt den Bruder, der die Schwester zu besuchen zögert.[35] Der Liebende kommt aus der Fremde, beobachtet sie am Tage, überrascht sie zu Nacht.[36] Im Schnee geht das verlassene Mädchen, fühlt aber nur das erkältete Herz.[37] Drei Mädchen wünschen Ring, Gürtel, den Jüngling; die letzte hat das beste Teil erwählt.[38] Schwur, zu entbehren; Reue deshalb.[39] Stille Neigung; höchst schön.[40] Die Vermählte, früher den Wiederkehrenden liebend.[41] Hochzeitanstalten, Überraschung der Braut.[42] Eilig, neckisch.[43] Gehinderte Liebe, verwelkte Herzen.[44] Herzogs Stephans Braut hintangesetzt.[45] Welches Denkmal dauert am längsten?[46] Klein und gelehrt.[47] Gatte über alles, über Vater, Mutter und Brüder; an den gerüsteten Gemahl.[48] Tödliche Liebeskrankheit.[49] Nah und versagt.[50] Wen nahm sich das Mädchen zum Vorbild?[51] Mädchen als Fahnenträger.[52] Die gefangene, bald befreite Nachtigall.[53] Serbische Schönheit.[54] Locken wirkt am sichersten.[55] Belgrad in Flammen.

Von der Sprache nunmehr mit wenigem das Nötige zu melden, hat seine besondere Schwierigkeit.

Die slawische teilt sich in zwei Hauptdialekte, den nördlichen und südlichen. Dem ersten gehört das Russische, Polnische, Böhmische, dem letzten fallen Slowenen, Bulgaren und Serben zu.

Die serbische Mundart ist also eine Unterabteilung des südlawischen Dialekts, sie lebt noch in dem Munde von fünf Millionen Menschen und darf unter allen südslawischen für die kräftigste geachtet werden.

Über ihre Vorzüge jedoch waltet in der Nation selbst ein Widerstreit; zwei Parteien stehen gegeneinander, und zwar folgendermaßen.

Die Serben besitzen eine alte Bibelübersetzung aus dem neunten Jahrhundert, geschrieben in einem verwandten Dialekt, dem altpannonischen. Dieser wird nun von der Geistlichkeit und allen, die sich den Wissenschaften widmen, als Sprachgrund und -muster angesehen; sie bedienen sich desselben im Reden, Schreiben und Verhandeln, fördern und begünstigen ihn; dagegen halten sie sich entfernt von der Sprache des Volks, schelten diese als abgeleitet von jenem und als Verderb des echten, rechtmäßigen Idioms.

Betrachtet man aber diese Sprache des Volkes genauer, so erscheint sie in ursprünglicher Eigentümlichkeit, von jener im Grunde verschieden und in sich selbst lebendig, allem Ausdruck des tätigsten Wirkens und ebenso poetischer Darstellung genügend. Die in derselben verfaßten Gedichte sind es, von denen wir sprechen, die wir loben, die aber von jenem vornehmern Teil der Nation gering geschätzt werden; deswegen sie auch niemals aufgeschrieben, noch weniger abgedruckt worden. Daher rührte denn auch die Schwierigkeit, sie zu erlangen, welche viele Jahre unüberwindlich schien, deren Ursache uns aber jetzt erst, da sie gehoben ist, offenbar wird.

Um nun von meinem Verhältnis zu dieser Literatur zu reden, so muß ich vorerst gestehen, daß ich keinen der slawischen Dialekte, unerachtet mehrerer Gegenheiten, mir jemals eigen gemacht noch studiert und also von aller Originalliteratur dieser großen Völkerschaften völlig abgeschlossen blieb, ohne jedoch den Wert ihrer Dichtungen, insofern solche zu mir gelangten, jemals zu verkennen.

Schon sind es funfzig Jahre, daß ich den „Klaggesang der edlen Frauen Asan Agas" übersetzte, der sich in des Abbate Fortis Reise, auch von da in den Morlackischen Notizen der Gräfin Rosenberg finden ließ. Ich übertrug ihn nach dem beigefügten Französischen, mit Ahnung des Rhythmus und Beachtung der

Wortstellung des Originals. Gar manche Sendung erhielt ich auf lebhaftes Anfragen sodann von Gedichten sämtlicher slawischer Sprachen; jedoch nur einzeln sah ich sie vor mir, weder einen Hauptbegriff konnt' ich fassen, noch die Abteilungen charakteristisch sondern.

Was nun aber die serbischen Gedichte betraf, so blieb ihre Mitteilung aus oben gemeldeter Ursache schwer zu erlangen. Nicht geschrieben, sondern durch mündlichen Vortrag, den ein sehr einfaches Saiteninstrument, Gusle genannt, begleitet, waren sie in dem niedern Kreise der Nation erhalten worden; ja es ereignete sich der Fall, als man in Wien von einigen Serben verlangte, dergleichen Lieder zu diktieren, daß dieses Gesuch abgeschlagen wurde, weil die guten, einfachen Menschen sich keinen Begriff machen konnten, wie man ihre kunstlosen, im eigenen Vaterlande von gebildeten Männern verachteten Gesänge einigermaßen hochschätzen könne. Sie fürchteten vielmehr, daß man diese Naturlieder mit einer ausgebildeten deutschen Dichtkunst ungünstig zu vergleichen und dadurch den roheren Zustand ihrer Nation spöttisch kundzugeben gedenke. Von dem Gegenteil und einer ernstlichen Absicht überzeugte man sie durch die Aufmerksamkeit der Deutschen auf jenen Klaggesang und mochte denn wohl auch durch gutes Betragen die längst ersehnte Mitteilung, obgleich nur einzeln, hin und wieder erlangen.

Alles dieses war jedoch von keiner Folge, wenn nicht ein tüchtiger Mann, namens Wuk Staphanowitsch Karadschitsch, geboren 1787 und erzogen an der Scheide von Serbien und Bosnien, mit seiner Muttersprache, die auf dem Lande weit reiner als in den Städten geredet wird, frühzeitig vertraut geworden wäre und ihre Volkspoesie liebgewonnen hätte. Er benahm sich mit dem größten Ernst in dieser Sache und gab im Jahre 1814 in Wien eine serbische Grammatik an den Tag und zugleich serbische Volkslieder, hundert an der Zahl. Gleich damals erhielt ich sie mit einer deutschen Übersetzung, auch jener Trauergesang fand sich nunmehr im Original; allein wie sehr ich auch die Gabe wert hielt, wie sehr sie mich erfreute, so konnt' ich doch zu jener Zeit noch zu keinem Überblick gelangen. In Westen hatten sich die Angelegenheiten verwirrt, und die Entwicklung schien auf neue Verwirrung zu deuten; ich hatte mich nach Osten geflüchtet und wohnte in glücklicher Abgeschiedenheit eine Zeitlang entfernt von Westen und Norden.

Nun aber enthüllt sich diese langsam reifende Angelegenheit immer mehr und mehr. Herr Wuk bagab sich nach Leipzig, wo er in der Breitkopf-Härtelischen Offizin drei Bände Lieder herausgab, von deren Gehalt oben gesprochen wurde, sodann Grammatik und Wörterbuch hinzufügte, wodurch denn dieses Feld dem Kenner und Liebhaber um vieles zugänglicher geworden.

Auch brachte des werten Mannes Aufenthalt in Deutschland denselben in Berührung mit vorzüglichen Männern. Bibliothekar Grimm in Kassel ergriff mit der Gewandtheit eines Sprachgewaltigen auch das Serbische; er übersetzte die Wukische Grammatik und begabte sie mit einer Vorrede, die unsern obigen Mitteilungen zum Grunde liegt. Wir verdanken ihm bedeutende Übersetzungen, die in Sinn und Silbenmaß jenes Nationelle wiedergeben.

Auch Professor Vater, der gründliche und zuverlässige Forscher, nahm ernstlichen Teil, und so rückt uns dieses bicher fremd gebliebene und gewissermaßen zurückschrekkende Studium immer näher.

Auf diesem Punkt nun, wie die Sachen gekommen sind, konnte nichts erfreulicher sein, als daß ein Frauenzimmer von besondern Eigenschaften und Talenten, mit den slawischen Sprachen durch einen frühern Aufenthalt in Rußland nicht unbekannt, ihre Neigung für die serbische entschied, sich mit aufmerksamster Tätigkeit diesem Liederschatz widmete und jener langwierigen Säumnis durch eine reiche Leistung ein Ende machte. Sie übersetzte, ohne äußeren Antrieb, aus innerer Neigung und Gutachten eine große Masse der vorliegenden Gedichte und wird in einem Oktavband so viel derselben zusammenfassen, als man braucht, um sich mit dieser ausgezeichneten Dichtart hinreichend bekannt zu machen. An einer Einleitung wird's nicht fehlen, die das, was wir vorläufig hier eingeführt, genauer und umständlicher darlege, um einen wahren Anteil dieser verdienstvollen neuen Erscheinung allgemein zu fördern.

Die deutsche Sprache ist hiezu besonders geeignet; sie schließt sich an die Idiome sämtlich mit Leichtigkeit an, sie entsagt allem Eigensinn und fürchtet nicht, daß man ihr Ungewöhnliches, Unzulässiges vorwerfe; sie weiß sich in Worte, Wortbildungen, Wortfügungen, Redewendungen und was alles zur Grammatik und

Rhetorik gehören mag, so wohl zu finden, daß, wenn man auch ihren Autoren bei selbsteignen Produktionen irgend eine seltsamliche Kühnheit vorwerfen möchte, man ihr doch vorgeben wird, sie dürfe sich bei Übersetzung dem Original in jedem Sinne nahe halten.

Und es ist keine Kleinigkeit, wenn eine Sprache dies von sich rühmen darf; denn müssen wir es zwar höchst dankenswert achten, wenn fremde Völkerschaften dasjenige nach ihrer Art sich aneignen, was wir selbst innerhalb unseres Kreises Originales hervorgebracht, so ist es doch nicht von geringerer Bedeutung, wenn Fremde auch das Ausheimische bei uns zu suchen haben. Wenn uns eine solche Annäherung ohne Affektation wie bisher nach mehrern Seiten hin gelingt, so wird der Ausheimische in kurzer Zeit bei uns zu Markte gehen müssen und die Waren, die er aus der ersten Hand zu nehmen beschwerlich fände, durch unsere Vermittelung empfangen.

Um also nun vom Allgemeinsten ins Besonderste zurückzukehren, dürfen wir ohne Widerrede behaupten, daß die serbischen Lieder sich in deutscher Sprache besonders glücklich ausnehmen. Wir haben mehrere Beispiele vor uns: Wuk Stephanowitsch übersetzte uns zuliebe mehrere derselben wörtlich, Grimm auf seinem Wege war geneigt, sie im Silbenmaße darzustellen; auch Vatern sind wir Dank schuldig, daß er uns das wichtigste Gedicht, „Die Hochzeit des Maxim Cernojewitsch", im Auszuge prosaisch näher brachte, und so verdanken wir denn auch der raschen, unmittelbar einwirkenden Teilnahme unserer Freundin schnell eine weitere Umsicht, die, wie wir hoffen, das Publikum bald mit uns teilen wird.

Zweiter Teil

Grußwort

Die beiden großen Sprachforscher Vuk Karadžić und Jacob Grimm waren während ihres langen und fast gleichzeitigen Lebens durch eine enge persönliche und wissenschaftliche Freundschaft verbunden. Beide haben in ihren Philologien – Grimm in der deutschen, Vuk in der serbokroatischen – Bahnbrechendes geleistet. Ja: Vuk ist geradezu der Schöpfer der modernen serbokroatischen Schriftsprache und damit in gewissem Sinn auch der serbokroatischen Kultur. Beide Männer standen auch mutig für politische Freiheiten ein und hatten persönliche Konsequenzen zu ziehen. Sie waren hervorragende Mitglieder einer europäischen Gelehrtenrepublik, deren geistig-kulturelle Bedeutung und Fortwirkung bis zum heutigen Tag nicht hoch genug geachtet werden kann.

Als Oberbürgermeisterin von Hanau, der Geburtsstadt von Jacob und Wilhelm Grimm, in der seit langem auch viele Landsleute Vuk Karadžics leben, sehe ich in der engen Freundschaft der beiden Wissenschaftler-Jacob Grimm nennt Vuk „meinen berühmten Freund" und Vuk spricht Grimm immer wieder seine Dankbarkeit für Zuneigung und Hilfe aus – ein schönes Zeichen für die Verbundenheit zwischen unseren beiden Völkern.

Der Arbeit von Miodrag Vukić und dem vorliegenden Werk der Verlagsanstalt „Rad" wünsche ich die gebührende Aufmerksamkeit und weite Verbreitung.

Margret Härtel

Oberbürgermeisterin
der Stadt Hanau

Einleitung

Die Zusammenarbeit zwischen Vuk Karadžić und Jacob Grimm war bereits Gegenstand mehrerer wissenschaftlicher Untersuchungen. Die umfangreichen Stoffe und Themen bieten immer noch eine Reihe von Fragen und Gesichtspunkten, die einer Bearbeitung und Durchleuchtung wert sind.

Das Werk Jacob Grimms, des Begründers der germanistischen Wissenschaft als einer Sprach-und Literatur-Geschichte, Altertumskunde, Märchen-und Rechtsforschung, war so mannigfaltig und breit mit dem deutschen Geistesleben der ersten Hälfte des 19. Jahrhunderts verknüpft, daß es auch heute noch ein fruchtbares Forschungsfeld für Wissenschaftler verschiedener Fachrichtungen darstellt. Das revolutionäre Unterfangen Vuk Karadžić's, der den Grundstein zur Wiedergeburt der serbischen Kultur gelegt hat, war derart verästelt, komplex und üppig, daß man immer noch unbekannte Spuren seines Schaffens entdecken kann. Von Generation zu Generation lassen sich immer wieder neue Deutungen seiner Schöpferkraft zusammenlesen. Vuk und Grimm sind zwei bedeutsame Gestalten, die in der Kultur-und Literaturgeschichte ihrer Völker Epoche gemacht haben. Zur Annäherung der deutschen Volkes und der südslawischen Völker hatten sie mehr beigetragen, als kaum einer vor oder nach ihnen. Jacob Grimm zeigte großes Interesse für die Probleme der slawischen Philologie und der Volkskunde. Vuk Karadžić hat den größten Teil seiner wissenschaftlichen Tätigkeit methodisch und praktisch auf den deutschen Sprachraum gerichtet. Die Beziehungen zwischen den beiden Wissenschaftlern Vuk und Grimm waren so reich und bewegt, daß sie immer noch einen Knäuel ungelöster wissenschaftlicher Fragen darstellen.

Die vorliegende Arbeit ist ein Versuch, einige interessante Aspekte der Beziehungen zwischen Jacob Grimm und Vuk Karadžić zu erforschen und herauszustellen und vor allem der Frage nachzugehen, inwiefern und auf welche Weise Jacob Grimm Vuks Sammeltätigkeit serbischer Sprichwörter beeinflußt und gefördert hat. Obwohl das Verhältnis von Jacob Grimm zu den Slaven bereits mehrmals und zum Teil sehr ausführlich behandelt worden ist, wurde Grimms Beziehung zur parömiologischen Arbeit von Vuk Karadžić noch kaum beachtet. Die darin enthaltenen Fragen blieben in der umfangreichen Literatur über Vuk Karadžić, wie z.B. in der Monographie von Ljubomir Stojanović, wie auch in anderen Standardwerken, ungelöst. Grimms Einfluß auf Vuks Sammeltätigkeit ist so groß, daß ohne ihn das Erscheinen serbischer Volkssprichwörter kaum denkbar wäre.

Zur Thematik dieser Arbeit ist äußerst wenig Material vorhanden. Im Briefwechsel zwischen Vuk und Grimm und ihren Freunden und Bekannten, wurden die Sprichwörter kaum erwänt. Jacob Grimm gab Vuk die Arbeitsmethode für die Sammeltätigkeit serbischer Sprichwörter an die Hand. Er besprach jedes seiner Werke sofort nach dem Erscheinen. Zu den Sprichwörtern allerdings liegt keine Besprechung von ihm vor.

Auch als Grimm das Vorwort für die deutsche Übersetzung „Serbische Volksmärchen und Sprichwörter" schrieb, legte er fast ausschließlich den Schwerpunkt auf die Untersuchung der Volksmärchen, während er die Sprichwörter nur beiläufig erwähnte. Trotz alledem steht es fest, daß der Einfluß Jacob Grimms auf Vuk Karadžić und seine Sammeltätigkeit serbischer Sprichwörter nicht nur bemerkbar, sondern auch ausschlaggebend gewesen ist, und daß man nicht umhin kann, über ihn zu sprechen. Die Arbeit ist in mehrere Kapitel gegliedert. Der Schwerpunkt liegt auf der Quellenliteratur (dem Briefwechsel zwischen Vuk Karadžić und Jacob Grimm, Grimms Vorwort zur deutschen Herausgabe serbischer Volksmärchen und Sprichwörter, Vuks Sammlungen serbischer Sprichwörter, Vuks Wörterbuch, Grimms Wörterbuch, und Grimms Aufsätze über die deutschen Sprichwörter). Besonders wird auf das Schreiben Grimms an Vuk eingegangen, worin er Vuk die Methodik und Technik im Sammeln volkskundlichen Materials vermittelt. Das war auch von ausschlaggebender Bedeutung für das gesamte Schaffen Vuks auf diesem Gebiet.

Die Angaben über die parömiologische Zusammenarbeit zwischen Vuk und Grimm werden durch zahlreiche Zitate belegt, die zweifelsohne einen dokumentarischen Wert haben und besonders gut ihre Berührungspunkte und gemeinsamen Interessen aufdecken. Die Beziehung Grimms und die Beziehung Vuks zur Sprichwortkunde, werden jeweils gesondert behandelt, um durch die Gegenüberstellung beider Auffassungen das Gemeinsame und das Trennende in Bezug auf die Parömiologie stärker berauszuheben. Die Anregungen Grimms für Vuks Sammeltätigkeit, wie auch andere Formen der Zusammenarbeit beider Wissenschaftler, werden in ihren einzelnen Aspekten dargelegt.

In der gegenwärtigen südslavischen parömiologischen Forschung gibt es keine zusammenfassende Gesamtdarstellung über Bedeutung, Entstehung und Fortpflanzung serbischer Sprichwörter bei Vuk, wohl aber eine größere Anzahl von Artikeln und Aufsätzen, die die einzelnen Sprichwörter und deren charakteristischen Aspekte behandeln oder zu erhellen suchen.

Jacob Grimms beziehung zur Sprichwortkunde

Die Brüder Grimm als Initiatoren strenger wissenschaftlicher Methode in der deutschen Philologie und Altertumsforschung spielten auch für die Entwicklung der Volkskunde zur selbständigen Wissenschaft eine ausschlaggebende Rolle. In ihrem Aufsatz „Die Volkskunde und ihre Methoden" schreibt Mathilde Hain:

Sie stellten erstmalig die wesentlichen Inhalte einer geistesgeschichtlich orientierten Volkskunde heraus und regten damit – nicht nur im deutschen Sprachgebiet – eine reiche Sammeltätigkeit an, die der späteren Forschung das Material bereitstellte."[1]

Jacob Grimm, einer der „Väter der wissenschaftlichen Volkskunde", war ein guter Kenner deutscher und slavischer Parömiologie. In seinem umfangreichen Werk schrieb er über das Sprichwort im engeren Sinne relativ wenig. Sein Interesse galt vornehmlich dem Sprichwort im volkstümlichen Recht. In seiner Abhandlung „Von der Poesie im Recht" zog ihn „das sinnliche Element" des alten Rechts an, das in der Sprache, im Rechtsbrauch und Rechtssymbol erscheint. Er stellte fest, daß „Sitte, Spruch und Gewohnheit der Landeseinwohner, weder von der alten Sage, noch von der frischen Natur des alten Gesetzes"[2] gänzlich zu trennen wären. In dieser Abhandlung suchte er die Verbindung zwischen Poesie und Recht herauszustellen. Er betont, „beider Ursprung sei gemeinschaftlich" und beide seien „aus einem Bette aufgestanden". Die Sprache als Bindeglied spielt eine bemerkenswerte Rolle:

„Alles was anfänglich und innerlich verwandt ist, wirdsich bei genauer untersuchung als ein solches stetsaus dem bau und wesen der sprache selbst rechtfertigen lassen, in der immerhin die regste, lebensvollste berührung mit den dingen, die sie ausdrücken soll, anschlägt, und so reicht die aufgestellte verwan-

---

[1] Anmerkungen von S. 195.

dstschaft zwischen recht und poesie schon in die tiefsten gründe aller sprachen hinab."[3]

Die Sprache bedient sich derselben Worter und Namen für die Ideen des Rechts und der Dichtung. Grimm spricht vom poetischen Element der Gesetze:

„Nämlich der poesie ist es von grund aus natürlich und nothwendig, dasz sie sich mit dem einmal ausgesprochenen satz öfters nicht begnüge, sondern ihn nochmals wiederhole. so zu sagen, sie kann nicht auf einem fusze stehen, sondern bedarf dann, um in ihre ruhe und gemütlichkeit zu gelangen, einer zweiten stütze, eines anderen, dem ersten gleichen satzes. hierauf scheint mir das prinzip der alliteration und des reimes genau und wesentlich zu beruhen."[4]

Im aufschlußreichsten Abschnitt spricht Grimm von den einzelnen poetischen Rechtswörtern. Rechtswörter sind nichts anderes als ein Grimmsches Synonym für die Rechtssprichwörter. Die Poesie offenbart sich im sprachlichen Gewebe in Form von alliterierenden und reimenden Rechtsformeln altnordischer, angelsächsischer und deutscher Gesetze:

„Die deutschen gesetze enthalten eine menge der schönsten, in denen jedesmal die bedeutung der sache innerlichst, mit einem reinen bild erfaszt und ausgedrückt wird."[5]

Er hebt die sprachliche Potenz dieser Sprichwörter gegenüber er juristischen Sprache hervor:

„Das erbe geht vom schwert auf die kunkel",

wobei die „Kunkel" bei Grimm das Sinnbild des weiblichen Geschlechts ist. Dieses von Grimm angeführte Sprichwort vermittelt uns einen „weit lebendigeren" Satz, als ihn die juristische Sprache auszudrücken vermag. Grimm hat richtig erkannt, daß die bildhafte Prägung der Sprichwörter und sprichwörtlichen Redensarten verständlich und wirksam sei:

„Verwandte werden auch nagelfreunde genannt, weil nagel ein haltendes band, eine noth aussagt, und enthält nur viel frischer das nämliche, was nothfreunde ..."[6]

Den poetischen Rechtssprichwörtern wohne ein „sinnlicher Ausdruck" ihne und „eine worthäufende Anschaulichkeit", die von tiefem Gefühl getragen sei. Die Verästelung von Poesie und Recht und ihre gegenseitige Beziehung und Beeinflussung hat Jacob Grimm sehr interessiert. Dieses Interesse geht auf seinen Lehrer Friedrich Carl von Savigny zurück, der als Begründer der historischen Rechtswissenschaft galt und sich zugleich für schöne Literatur sehr aufgeschlossen zeigte. Sein Einfluß auf die wissenschaftliche Entwicklung Jacob Grimms war von ausschlaggebender Bedeutung.

Grimm untersuchte die deutsche Sprache in ihrem Aufbau, allen ihren Schichten, Richtungen und Äußerungen und stellte fest, daß sie zur Tautologie neige. Dieser Zug macht die Sprache „vorzüglich poetisch", insbesondere in den alten epischen Liedern, Urkunden und Rechtsformeln. Rechtssymbole, Frömmigkeit, Grausamkeit, Ehrlichkeit, Vergnügtheit – all das sind Grimms „Beweise", die in den Rechtssprichwörtern anzutreffen sind:

„Das erb geht nicht aus dem busen;
kind fällt wieder in der mutter schoos;
blutige hand nimmt kein erbe;
der letzte schliesst die thüre zu;
gerade geht nicht über brücke;
trittst du mein huhn, wirst du mein hahn;
keine henne fliegt über die mauer;
unfreie hand zieht die freie hinter sich;
hut bei schleier, schleier bei hut;
was die fackel zehrt ist fahrnis;
kirchengut hat eisernen zahn;
die henne trägt ihren handlohn auf dem schwanz;
die tochter frisst die mutter;
gut grusz, gut antwort" usw.[7]

Grimm behandelt in seinem späteren Werk „Deutsche Rechtsalterthümer" (1828 und 1854) ebenfalls das Rechtssprichwort. Die Abhandlung über „Poesie im Recht" schrieb er 1815, also 13 Jahre früher als die „Deutschen Rechtsalterthümer". In beiden Arbeiten steht die Betrachtung des Rechtssprichwortes im Vordergrund und bildet auch die Grundlage seiner Untersuchung. Die Namensbezeichnung für „Rechtssprichwörter" in diesen beiden Werken ist recht unterschiedlich. Im ersten Werk nennt er sie „Rechtswörter", im zweiten „Formeln". „Formeln", so heißt ein ganzes Kapitel, das den Rechtssprichwörtern gewidmet ist. Bei der Abfassung dieses Kapitels stützt sich Grimm auf seine Abhandlung „Von der Poesie im Recht", wie aus ähnlichen oder gle-

ichen Formulierungen und Ausdrücken hervorgeht. Während Grimm in „Poesie im Recht" das Sprichwort:
„Das erb geht nicht aus dem busen"[8]
anführt, erscheint das gleiche Sprichwort in „Deutsche Rechtsalterthümer" in einer abgewandelten Form":
„Das erbe fällt nicht aus dem busen".[9]

Nicht nur die Sprichwörter sondern auch die Redensarten und Sprüche sind Gegenstand seiner Betrachtung. Dazu schreibt Grimm am Anfang des Kapitels:
„Jene vorwaltende neigung zu bestimmten ausdrücken, alliterationen und tautologien leitet von selbst auf ein strenges formelwesen, das nunmehr näher zu untersuchen ist. Es äußert sich in dem bestehen feierlicher, widerkehrender und sinnlich gewandter redensarten... Eine menge von sprüchen entspringt daraus. Die sinnliche einkleidung entfaltet sich aber oder tritt zurück, nachdem in den gesetzen oder weisthümern, die uns die formel aufbewahren, mehr oder weniger wärme der abfaszung zu beobachten ist."[10]

In „Deutsche Rechtsalterthümer" hat Grimm folgende Gliederung der Rechtssprichwörter vorgenommen:

1. Alliterierende Sprüche,
die aus dem friesischen Gesetz hervorgegangen sind.
Grimm stellte fest, daß die deutschen alliterierenden Sprichwörter spärlich sind und führte dazu folgendes Beispiel an:
„was die fackel verzehrt, ist farnis".[11]

2. Reimende Sprüche.
Es sind folgende Beispiele aufgeführt:
„hehler sind stehler; „bürgen soll man würgen; wie viel mund, so viel pfund; dreitägiger gast wird jedermann zur last".[12]
Auch im serbischen Sprachbereich ist ein ähnlich reimendes Sprichwort bekannt:
„Svakog gosta za tri dana dosta"
(Jeden Gast hat man in drei Tagen satt).

3. Wiederkehrende Formeln, Sprüche und Redensarten,
die weder alliterieren noch reimen:
„gegenwehr ist niemand verboten".[13]

4. In den alten Formeln macht sich die „sinnliche Einfachheit" in den beigefügten Adjektiven bemerkbar:

„der tag heißt der helle,
die nacht die dunkele, schwarze".[14]

5. Viele Formeln weisen auf ein „episches Naturleben" hin, und diese Formeln sind bereits in Bestimmungen übergegangen. Sie stammen aus dem Kreis der „Hirten und Ackerbauer":
„was die egde bestrichen und die hacke bedecket hat,
folget dem erbe... „
„das leben steht auf vier augen"
„das erbe fällt nicht aus dem busen"
„keine henne fliegt über die mauer".[15]

6. Raum und Zeit in den Rechtssprichwörtern spielten für Grimm eine wesentliche Rolle. Er kam zu dem Ergebnis, daß sie sich „durch ferne Zeiten und Gegenden" fortgepflanzt und dabei auch als seltenere Formeln herausgebildet hatte:
„mit der exe stelt men nicht"
„wann einer hauet, so ruft er
und wann einer ladet, so wartet er".

7. Formeln der drei Hauptnöthe.
In diesen Rechtssprichwörtern ist es der Mutter eines unmündigen Kindes erlaubt, ihr Erbe zu verkaufen, um ihm das weitere Leben zu ermöglichen.
„das gut verkaufen vor hunger,
vor vrost und vor recht ehaft not".[17]

8. Bei den Sprichwörtern, die Grimm als „Schlußformel" bezeichnet, bedient er sich der komparativen Methode. Durch die Gegenüberstellung ähnlicher Sprichwörter sucht er die Sinnbezogenheit herauszuschälen:
„wer bezzerez wizz, der sag ez an"
„de better kunde wuste, dat he nu spreke".[18]

Hier konnten nur die wichtigsten Sprichwörter als Beispiele für die Grimmsche Einordnung aufgeführt werden.

Im Gegensatz zu Vuk, der die Sprichwörter aus eigener Zeit erforscht und gesammelt hat, wobei die Gegenwartssprache dominiert untersucht Grimm die Sprichwörter aus älteren Zeiten und läßt die Gegenwartssprache außer acht. Dabei legt er den Schwerpunkt auf die „Rechtsalterthümer". Dagegen spielen bei Vuk die Rechtssprichwörter keine ausschlaggebende Rolle.

Grimm kommt zu dem Schluß, daß viele „Formeln" (Rechtssprichwörter) im Laufe der Zeit untergegangen sind oder doch sehr gelitten haben. Die Gründe dafür sind einmal „die unvollständige, mangelhafte Aufzeichnung unseres (deutschen!) Rechts", zum anderen die „unbedachte verachtung der einheimischen gerichtssprache".

In den beiden theoretischen Aufsätzen, die von einer juristischen Grundlage ausgehen und sich mit Sprichwortkunde befasser bleibt die historisch-philologische Betrachtung gewahrt. Grimm hat nie veraucht, die Brücken zu den verwandten Wissenschaften abzubrechen. Geschichte und Recht, Sprache und Literatur sind für ihn gleichwertige wissenschaftliche Forschungsgegenstände geblieben. Die Grundsätze seiner wissenschaftlichen Tätigkeit kennzeichnen am treffendsten seine Worte aus der Vorrede zu den „Deutschen Rechtsalterthümern":

„In der langen zeit von tausend und bald zweitausend jahren sind aber überall eine menge von fäden losge- rißen, die sich nicht wieder anknüpfen laßen, ohne

daß man darum die offenbaren spuren ihres ehmaligen zusammenhange verkennen dürfte."[19]

Grimms Beschäftigung mit Sprichwortkunde bleibt nicht nur auf die beiden erwähnten Werke beschränkt. Sie hat sich auch in den zwei wichtigsten Werken niedergeschlagen, die man als Grundsteine der deutschen und germanischen Philologie bezeichnen kann: der „Deutschen Grammatik" und dem „Deutschen Wörterbuch". In der „Deutschen Grammatik" befaßt sich Grimm im Abschnitt über die „verbale composition" mit der Herkunft des Wortes „Sprichwort" und stellt fest, daß dieses Wort im engsten Zusammenhang mit dem Verb „sprechen" steht und davon abzuleiten ist. Er führt folgende Beispiele an:

mhd. und nhd. 'sprichwort' (proverbium)
st. 'sprech – wort'
nnl. 'sprêk – wörd'.

Grimm lehnt den Gebrauch von „sprüch-wort" ab und sagt: „... nhd. sprüch-wort zu schreiben scheint ganz tadelhaft zu sein".[20]

Jacob Grimm hat das poetische Element in den Rechtssprichwörtern untersucht und gezeigt, wie sich die Poesie im Sprachlichen bei den alliterierenden und reimenden Rechtsformeln äußert. Seine philologischen Studien bildeten die Grundlage für seine rechtsgeschichtlichen Darstellungen; umgekehrt sind seine Kenntnisse aus der frühen Rechtsgeschichte seinen sprachwissenschaftlichen Werken zugute gekommen. Für die Erklärung einzelner Wörter und für die Deutung mancher Sachbereiche bedient er sich der Sprichwörter. Sinn-und Bedeutungegehalte einzelner Wörter und Ausdrücke werden durch Sprichwörter und sprichwörtliche Redensarten durchleuchtet. In seinem „Deutschen Wörterbuch" führt Grimm bei der Erläuterung des Wortes „arme Leute" folgende Sprichwörter an:

„arme leute kochen dünne grütze; armer leute hoffart währt nicht lange; an armer leute hoffart wischt der teufel den arsch; armer leute reden gehen viel in einem sack; in armer leute mund verdirbt viel weisheit".

Um die Ähnlichkeit des Kindes mit der Mutter herauszuheben, werden einige „lebendige Redensarten" angegeben:

„die Mutter sicht der tochter aus den augen;

die tochter ist der mutter aus den augen geschnitten".

Für das Bedeutungsfeld des Wortes „Apfel" liefert er als Beleg folgende Redensarten und Sprichwörter:

„in den saueren apfel beiszen; der apfel ist rot, doch sitzt ein wurm darin; ein apfel der runzelt, fault nicht bald".

Auch Vuk verwendet Sprichwörter, um einzelne Bedeutungsinhalte stärker zu betonen. So schreibt er in seinem Wörterbuch zu dem Wort „Žena" (Frau, Weib) folgendes Sprichwort auf:

„Ne stoji kuća na zemlji nego na ženi"[21]

(Das Haus steht nicht auf der Erde, sondern auf der Frau.)

Oder für das Wort „čovek" (Mensch, Mann):

„čovek ne može biti čovek, dokle ga žena ne krsti"[22]

(Ein Mann kann nicht Mann sein,

bevor ihn nicht eine Frau getauft hat).

Vuk und Grimm dachten den Sprichwörtern und sprichwörtlichen Redensarten eine deutende Funktion zu. Beide führten Sprichwörter als Beispiele zur Erläuterung einzelner Wort – und Sinngehalte an. Grimm, wie Vuk, benutzten Sprichwörter als lebendiges Wortmaterial; Vuk allerdings weit ausgiebiger als Grimm, weil er die Sprichwörter als Quellennachweis, als mündliche Sinnüberlieferung verwandte. Das vorhandene serbische Schrifttum zur Deutung des Wortmaterials konnte ihm dabei nur wenig nützen. Grimm dagegen stützte sich besonders auf die geschriebenen Werke. Vuk nahm bereits einige Jahrzehnte vor Grimm die Sprichwörter als interpretierbares Material in sein „Serbisches Wörterbuch" auf. (Vuk: Erste Ausgabe seines „Serbischen Wörterbuches": 1818; Grimm: 1852).

Grimm betrachtete, ebenso wie Vuk, die anstößigen Wörter als wichtigen Bestandteil des Sprachgutes und wollte auf ihre Eingliederung in sein Wörterbuch nicht verzichten. Vuk hatte jedoch, im Gegensatz zu Grimm, durch Veröffentlichung obszöner Ausdrücke in seinem Wörterbuch große Schwierigkeiten mit der serbischen Obergeistlichkeit und mit gewissen Schichten der serbischen Gesellschaft, so daß er sie in seinen späteren Werken-widerstrebend-immer mehr ausließ. In seinem „Deutschen Wörterbuch" hat Grimm als Sprachmaterial weitgehend anstößige Wendungen bei Sprichwörtern und Redensarten herangezogen:

„Das Wörterbuch ist kein Sittenbuch, sondern ein wissenschaftliches, allen Zwecken gerechtes Unternehmen. Selbst in der Bibel gebricht es nicht an Wörtern, die bei der feinen Gesellschaft verpönt sind".[23]

Jacob Grimm ist der Auffassung, daß das Wörterbuch auf keinen Fall anstößige Ausdrücke und Wörter auslassen darf, die ein festeingewebstes Merkmal vieler Sprichwörter und Redensarten seien; dies würde nur den Wert des Wörterbuchs beeinträchtigen.

„Das wörterbuch, will es seines namens werth sein,
ist nicht da um wörter zu verschweigen, sondern um sie vorzubringen".[24]

Grimm hat – wie Vuk – der Sprache von Hirten, Jägern, Fischern, große Bedeutung beigemessen und verständlicherweise obszönen Ausdrücken, die vom „gemeinen Volk" gesprochen wurden. Er erkannte, daß hinter allen „abgezognen bedeutungen des worte eine sinnliche und anschauliche auf dem grund liegt".[25]

Das ist nach Grimm die erste und ursprüngliche Bedeutung. Auch Grimm hat sich für obszöne Wörter sehr interessiert.

So z. B. in einem Brief an Vuk vom 22. Dezember 1852:

„Ich möchte sie gerade nach einem solchen wort fragen, was man sonst nicht in den mund nimmt. für onanie gibt es einen auch Ihnen wohl bekannten deutschen ausdruck (kalter bauer); kennen Sie einen entsprachenden serbischen oder sonst slavischen? jeb, ist es nicht, das ist zu allgemein."[26]

In einem anderen Schreiben stellte Grimm die Hypothese auf, daß das serbische Verbum „jebati" (koitieren) „unslavisch" sei:

„Wenn ich das serbische mehr studiert (was sicher geschehen soll) hoffe ich studiertere Dinge darüber vorzubringen. – Irre ich mich in meiner Ansicht der besternten Phrase oder nicht? Das Verbum scheint jebati? und – nena – (mater) unslavisch".[27]

Vuk versuchte in seinem Antwortschreiben vom 14. November 1823 diese These zu entkräften, indem er behauptet, das Wort 'jebati' oder 'jepsti' sei in dieser Form bei allen slavischen Nationen vorhanden. Die Gebrauchsfunktion dieses Wortes erläuterte Vuk in dem bereits erwähnten Brief an Grimm:

„ Aus j.b.ti ist bei uns durch den täglichen Gebrauch nur ein Schimpfwort geworden: in der 3ten Person schimpfen damit nicht nur – popovi & kaluđeri –, sondern auch Weiber & Mädchen (z. B. jebo mu pas majku!), ohne zu an den wahren Sinn des Wortes zu denken".[28]

Wenn Jacob Grimm sich auch nicht eingehend mit der Sprichwortkunde befaßte, so ist doch sein Interesse und Wirken auf dem parömiologischen Gebiet von Bedeutung und hat auch in seinem Werk und in der Zusammenarbeit mit den ihm befreundeten slavischen Gelehrten seinen Niederschlag gefunden. Das läßt sich wie folgt zusammenfassen:

1) In seinen Werken, in denen er zu den Sprichwörtern Stellung nahm, sind bereits erwähnte Werke zu nennen:

a) Jacob Grimm: „Von der Poesie im Recht"[29]
b) Jacob Grimm: „Deutsche Rechtsalterthümer"[30]
c) Jacob Grimm: „Deutsche Grammatik"[31]

2) In seiner Zusammenarbeit mit den slavischen Gelehrten, wobei die zwei bedeutenden slavischen Sprichwortsammler besonders stark hervorgetreten sind:

Ivan Michajlovič Snegirev (1793–1868), [32]

russischer Volkskundler und Professor an der Universität Moskau, der als erster die russischen Sprichwörter erforschte. Grimms Werke „Deutsche Grammatik", „Deutsche Mythologie" und „Deutsche Rechtsalterthümer" dienten ihm als 'Richtschnur' bei der Untersuchung und Deutung der russischen Volksmythologie der Festtage und der russischen Rechtssprichwörter.

Vuk Stefanović Karadžić, durch den Jacob Grimm Verbindung, Kenntnis und Zugang zu den serbischen Sprichwörtern fand und sich die größten Verdienste für die Verbreitung und Popularisierung derselben im deutschen Sprachraum erwarb.[33]

Jacob Grimm und die Slaven

Jacob Grimm, der Begründer der deutschen Philologie, wird in der heutigen Forschung hauptsächlich unter germanistischen Gesichtspunkten betrachtet und gewürdigt. Dadurch ist Grimm als „Slavist" und vor allem als „Serbokroatist" vollkommen in den Hintergrund gedrängt worden. Grimm kann mit vollem Recht der größte Anreger der Slavistik im 19. Jahrhundert genannt werden. Er ist von einer soliden wissenschaftlichen Grundlage aus und in humanistischer Gesinnung die slavistische Problematik angegangen und hat durch seine Werke und seine lautere Person, wie kaum jemand vor und nach ihm, auf die slavische Philologie eingewirkt, sowohl auf die Werke als auch auf die Menschen im slavischen Sprachraum. Für die slavischen Gelehrten und Schriftsteller war Jacob Grimm Lehrer und Anreger, Förderer und Vermittler. Als Schöpfer der vergleichend-historischen Methode und durch seine Hauptwerke „Deutsche Grammatik" (1819–1837), „Deutsche Rechtsalterthümer" (1828), „Deutsche Mythologie" (1835), das „Deutsche Wörterbuch" (1852 ff) und schließlich durch die „Kinder-und Hausmärchen" (1812–1815), galt er mit Recht als Vorbild und höchste Autorität auf dem Gebiet der Sprachwissenschaften; seine vergleichend-historische Methode wurde in Rußland vollständig übernommen und bildete dort die Grundlage für die Entwicklung einer eigenständigen Sprachwissenschaft. Die noch in den Kinderschuhen steckende russische Slavistik orientierte sich vorwiegend an Grimms Hauptwerken.

Die erste unmittelbare Berührung Grimms mit einem slavischen Land wurde durch die Romantiker Achim von Arnim (1781–1831) und Clemens von Brentano (1778–1842) vermittelt, die sich 1811 auf dem Familiengut der Brentanos in Bukovan (Böhmen) aufhielten. Dort haben Arnim und Brentano die Verbindung zwischen Jacob Grimm und Josef Dobrovsky (1753–1829), dem „Vater der slavischen Philologie" angeregt. Schon am 10. Mai 1811 schreibt Jacob Grimm an Dobrovský:

„So wie es nun meine vielen anderen Geschäfte zulassen, will ich das Slavische betreiben, und der bereiten Hilfe wegen vermutlich das Böhmische. Ich müßte denn in Erlangung russischer interessanter Bücher besonders glücklich sein."[1]

Anfange entfaltete sich ein reger Briefwechsel zwischen Jacob Grimm und Dobrovský über tschechische Literatur und Sprache, über das Altslavische, über slavische Etymologien und andere Slavinen. Grimm hatte in Dobrovský für gewisse Zeit einen zuverlässigen Berater in philologischen Fragen. Diese Verbindung ebbte jedoch ab, als Grimm Kopitar kennenlernte, der von nun an Grimm slavistische Interessen entscheidend bestimmen sollte. Grimm stand auch in brieflichem Kontakt mit Vaclav Hanka (1791–1861), dem Schüler Dobrovskys, ebenso mit František Ladislav Čelakovsky (1799–1852). Čelakovsky war Sammler und Herausgeber tschechischer Volkslieder. Von großer Bedeutung war die Verbindung mit dem bedeutendsten slovakischen Slavisten P.J. Šafarik (1795–1861). Ohne Dobrovskys überlegene Anteilnahme ist die slavistische Frühzeit Grimms kaum zu denken.[2]

Jakob Grimm kam zum ersten Mal mit der slavischen Intelligenz und den slavischen Sprachen in direkte Berührung, als er als hessischer Legationssekretär in Begleitung seines Gesandten zum Wiener Kongreß fuhr:

„Im Sommer trat ich die Rückreise (aus Paris) nach Kassel an, und rüstete mich bald von neuem zu der Fahrt nach dem Wiener Congreß. In Wien brachte ich zu von Oct. 1814 bis Jun. 1815, eine Zeit, die auch für meine Privatarbeiten nicht nutzlos verstrich und mir Bekanntschaft mehrerer helehrtet Männer verschaffte. Von besonderem Vorteil für meine Studien war, daß ich mmich damals auch mit der slawischen Sprache anfing bekanntzumachen..."[3]

Wien war damals das wichtigste politische und geistige Zentrum, nicht nur für die Westslaven sondern auch für den südslavischen Bereich.

Für Grimms slavistische Studien war die Begegnung mit Bartholomäus (Jernej) Kopitar (1780–1844) von ausschlaggebender Bedeutung. Er traf auf einen Gelehrten, der, wie er später selbst einmal sagte, „allen heutigen Slavisten vorangeht".[4] Kopitar hatte, ähnlich wie Grimm, gegen eine innere Berufung Jura studiert, um bald zur Philologie überzugehen, Grimm zur germanischen, Kopitar zur slavischen Philologie. Kopitar, als Wiener Hofbibliothekar und Zensor für slavische Bücher, war auf das engste mit allem Slavischen vertraut. Jacob Grimm nannte diesen leidenschaftlichen und kenntnisreichen Wissenschaftler Kopitar ein „monstrum scientiarum". Kopitar war ein Mensch, der viele Beziehungen zu der ganzen gelehrten Welt seiner Zeit unterhielt, insbesondere zu slavischen Wissenschaftlern. Kopitar hatte seinen deutschen Kollegen und Freund Grimm mit etwas Außerordentlichem bekannt zu machen: mit der serbischen Volksdichtung und deren Sammler Vuk Stefanović Karadžić. Bereits 1815 rezensierte Grimm das kleine serbische Volksbüchlein Vuks („*Mala prostonarodna slaveno-srbska pjesnarica*). Von diesem Zeitpunkt an hat Grimm seine Absicht (1811), das Böhmische und Russische zu betreiben, zu Gunsten des Serbischen aufgegeben. Das Serbische war für Grimm eine „reine, edle Sprache", denn „es gibt in den serbischen Ländern keine pöbelhafte Mundart, wenigstens in dem grellen Abstich, wie hierzulande, gar nicht".[5]

Grimm hatte auch Kontakte zu polnischen und rusischen Schriftstellern und Gelehrten aufgenommen und gepflegt: mit den Polen Wojciech Cybulski (1808–1867), einem Slavisten in Berlin und Breslau, und dem Warschauer Rechtshistoriker Waclaw Maciejowski (1793–1883). Den direkten Kontakt zu russischen Forschern beweisen Grimms Briefe an P. I. Köppen (1793–1864), A.F. Hilferding (1831–1872) und an I. M. Snegirev (1793–1868). Aus ihnen geht hervor, daß Grimm durch Köppens Anbahnung bereits in den zwanziger Jahren des 19. Jhs. in Rußland kein Unbekannter mehr war. In diesen Briefen läßt sich nachweisen, daß Köppen die Bedeutung Grimms hoch einschätzte, dessen Arbeiten und Methode kannte und zu verbreiten suchte.

Köppen gab die Zeitschrift „Bibliografičeskie Listy" (*Bibliographische Blätter*) heraus, an der ausländische Philologen mitarbeiteten und in der er einen Beitrag Grimms veröffentlichte. Außerdem gehörte Köppen dem sogenannten „Rumjancevkreis" an, der eine bedeutende Rolle für die wissenschaftliche Forschung in Rußland spielte. Durch das Ansehen dieses Kreises erlangten die „Bibliographischen Blätter" gute Aufnahme und fanden großen Widerhall. So bekam also Jacob Grimm erstmals Eingang in die russische Geisteswelt. Rußland war für Grimm nicht sehr fruchtbar, was umgekehrt viel weniger zutrifft. Er kennt einige grundlegende Arbeiten über die russische Sprache, z. B. das russische „Petersburger" Wörterbuch (1787–1790), das er in seinem wichtigen Aufsatz „Über den Ursprung der Sprachen" erwähnt,[6] ebenso die „Nestorchronik",[7] das „Igor-Lied"[8] und russische Grammatiken[9] (Maksimov, Evgenij Smotrickij). Die Benachteiligung des Russischen war dadurch bedingt, daß Grimm eine Mittelsperson vom Format Kopitars fehlte. Grimm hatte nur lose Verbindung mit dem Deutschrussen Peter von Köppen. Über die einschlägigen russischen Forschungen wurde er von Köppen unterrichtet, der ihm auch russische Bücher schickte. Die Bücher, Briefe und Selbstzeugnisse russischer Wissenschaftler liefern Belege dafür, wie sehr Grimm auch in Rußlland geschätzt wurde. Der russische, klassische Philologe und Folklorist Ivan Snegirev, der mit Grimm seit 1832 in loser Korrespondenz stand, schrieb an ihn 1845:

„Ich halte Sie für den Hauptlenker und das Vorbild meiner Untersuchungen, die der vaterländischen Volkstümlichkeit gewidmet sind... Ihre Grammatik wird als Leitfaden bei der Bearbeitung der russischen benützt; und Ihre deutsche Mythologie und die Rechtsaltertümer dienten mir zur Richtschnur bei der Untersuchung der russischen Volksmythologie der Festtage und juridischen Sprichwörter" und schließlich: „Wir sind Ihren Bemühungen so sehr verpflichtet, daß ich Sie, hochgeschätzter Herr, im Namen aller unserer Archäologen aufs feierlichste unserer Dankbarkeit versichere".[10]

Der bedeutende russische Philologe und Folklorist Fedor Ivanovič Buslaev (1818–1897) bekennt sich ausdrücklich zu Grimm, wenn er sagt, er sei einer seiner eifrigsten und treuesten Anhänger geworden, Grimm sei sein Vorbild „sowohl in der Wissenschaft als auch im Leben".[11] Ähnliches gilt von dem bedeutenden Märchensammler Aleksandr Nikolaevič Afanasev (1826–1871), von Aleksandr Kotljarevskij (besonders mit seinen „Rechtsaltertümern der baltischen Slawen" (1874), Izmail Ivanovič Sreznevskij (1812–1880), Aleksandr Potebnja (1835–1891) u.v.a.m., nicht zuletzt auch von Aleksandr Fedorovič Hilferding (1831–1872), dem bedeutenden Petersburger Slavisten, dem wir vor allem seine große Bylinensammlung (*Onežskie byliny*, 3 Bde., 1873), die zu nächst für Jacob Grimm begonnen zu sein schien, verdanken.[12] Die russischen Wissenschaftler wurden in beträchtlichem Maße durch Grimms Werke angeregt und beeinflußt. Grimm genoß ein hohes Ansehen und fand großen Widerhall. Das bezieht sich sowohl auf die Sprachwissenschaft als auch auf die Volkskunde. In den 40-er Jahren des 19. Jhs. gelangte die „Grimmovskaja škola" (Grimm-Schule) in Rußland zu allgemeiner Anerkennung und Bedeutung.

Grimms „Deutsche Grammatik" bot den russischen Gelehrten wohl die fruchtbarste Anregung. Mit dieser Grammatik ist die vergleichend-historische Methode eingeleitet und begründet worden und mit ihr wurde sie auch übernommen. F.I. Buslaev befaßte sich mit ähnlichen Problemen wie Jacob Grimm. Er wandte die gleiche Methode auf das russische Material an, kam zu vergleichbaren Ergebnissen und kleidete sie in eine ähnliche Form wie Grimm.

Herbert Peukert schildert in seinem Aufsatz „Jacob Grimm und die Slaven"[13] Grimms schöpferische Wechselbeziehungen zu den Slaven und unterscheidet drei Etappen:

Erstens, eine allgemeine Vorbereitungsphase, die 1811 mit der Bekanntschaft Dobrovskys einsetzt und die gekennzeichnet ist durch ein Interesse für die Slavica allgemein und durch die Beachtung altslavischer und tschechischer Probleme insbesondere.

Mit der Bekanntschaft Kopitars, 1815 in Wien, setzt die zweite Phase ein. Bezeichnend für diese Phase sind die freundschaftliche Verbundenheit mit Vuk und die weitgehende Orientierung auf südslavische, insbesondere serbische Belange.

Mit dem Tode Kopitars, 1844, setzt die dritte und letzte Phase ein, in der sich Grimm nicht mehr systematisch mit der slavischen Philologie befaßt. Das Interesse für die Slavica ist zwar noch nicht ganz erloschen, die Freundschaft aber mit Vuk Karadžić dominiert immer noch.

Vuk Karadžić und Jacob Grimm

Die Lebenswege Jacob Grimms und Vuk Karadžićs verlaufen parallel und weisen viele Gemeinsamkeiten auf, in privatem und wissenschaftlichem Bereich. Vuk wurde im Jahre 1787 geboren, zwei Jahre nach Grimm. Vuk starb 1864, Grimm einige Monate nach ihm. Beide, Vuk und Grimm, entfalteten ihre Tätigkeit unter außergewöhnlichen Zeitumständen: Grimm im Zuge der Befreiungskriege, Vuk während des I. Serbischen Aufstanden gegen die Türken.

Die siebenundsiebzig Lebensjahre Vuk Karadžićs werden geprägt von Not, Arbeit und Verbannung, von einem dauernden Kampf um die Existenz, und einem Kampf mit den Gegnern der Sprachreform. Der immer kränkelnde Hirtenjunge, Sohn eines armen Bauern, stammt aus Tršić, einem kleinen Dorf Westserbiens. Mit zäher Energie hatte er, ohne jegliche Unterstützung und ohne regelmäßigen Schulbesuch, Lesen und Schreiben gelernt. Trotz seines steifen Beines nahm er aktiv an der serbischen nationalen Aufstandsbewegung (1804) teil, bis er nach deren Niederlage nach Wien fliehen mußte. Beide, Vuk und Grimm, hatten Schwierigkeiten mit ihren Landesherren; beide hielten unerschütterlich an ihren Grundsätzen fest und verteidigten mutig ihre Ideale. Grimm hatte Schwierigkeiten mit König Ernst August, weil er das „Göttinger Manifest" (1837) unterzeichnet hatte;[1] Vuk, weil er Fürst Miloš einen Brief am 12. April 1832 aus dem zu Ungarn gehörenden Zemun zusandte, in dem er dessen brutale und despotische Herrschaft und die durch ihn verursachte Einschränkung elementarer demokratischer Freiheiten im damaligen Serbien scharf angegriffen hatte. Ebenso stand für beide die Sprache als Gegenstand der Untersuchung und Efroschung im Mittelpunkt ihrer wissenschaftlichen Arbeit. Beide wirkten auf mehreren philologischen und volkskundlichen Gebieten, die viele gemeinsame Komponenten und Verbindungslinien aufweisen.

Vuk hatte keine Schule besucht, und war trotzdem der Urheber einer tiefgreifenden Umwälzung im Kulturleben des serbokroatischen Sprachraums. Mit seiner „Pismenica"[2] (*Kleine Serbische Grammatik,* 1814) und seinem „Srpski Rječnik"[3] (*Serbisches Wörterbuch,* 1818), leitete er den Bruch mit der bis dahin gebräuchlichen „heiligen" slavenoserbischen Kirchen und Literatursprache ein, einer künstlichen Sprachmischung aus Kirchenslavisch, Russisch und Serbokroatisch, in der die gebildeten Serben jener Zeit schrieben. Alle bedienten sich einer gekünstelten Rechtschreibung, in der nahezu zwanzig Buchstaben keine lautliche Entsprechung fanden. Diese Literatursprache verstand das einfache Volk nicht, das in seiner Sprache bereits über einen reichen Schatz an Volksliedern und Märchen, Sprichwörtern und Rätseln verfügte.

Dieser aufgeweckte und wißbegierige Vuk erlernte aus eigenem Antrieb Deutsch, Latein und Slovenisch. Seine Sprachreform und Rechtschreibung setzte er, dem erbitterten Widerstand einer gewissen gebildeten Schicht (Clerus und Schriftstellern) zum Trotz, sein grundlegendes Prinzip durch: „Schreibe so wie du sprichst, lies, wie es geschrieben wird." Dieses phonetischorthographische Prinzip in der Rechtschreibung wurde in radikalster Weise durchgeführt, so daß jedem Laut nur ein Buchstabe entsprach. Vuks Reform der Rechtschreibung fand auch bei andere Völkern Anhänger, aber in keiner anderen Sprache wurde die phonetische Schreibweise so konsequent durchgeführt. Diese Grundregel übernahm Vuk von dem deutschen Sprachforscher Johann Cristoph Adelung (1732–1806),[4] dessen Hauptwerk „Umständlich Lehrgebäude der deutschen Sprache" (1782) ihm vertraut war.

Vuk kam 1813 nach Wien. Kurz darauf, in den Jahren 1814 bis 1815, fuhr Jacob Grimm als hessischer Legationssekretär zum Wiener Kongreß, wo die Verhandlungen über eine Neuorganisation Europas stattfanden. Dort in Wien, „wo sich Westen und Osten in unmitterbarer Nähe berühren",[5] lernte Grimm Bartholomäus (Jernej) Kopitar (1780–1844) kennen. Kopitar, Bibliothekar und Zensor für slavische Bücher an der Wiener Hofbibliothek, vermittelte Slovenen und Serben die Ideen der deutschen Romantik.

1808 verfaßte er eine wissenschaftlich fundierte Grammatik der slowenischen Sprache und galt als einer der bedeutendsten Slavisten seiner Zeit. Kopitar wurde auf Vuk aufmerksam, als dieser ihm ein Manuskript über ein politisch-historisches Thema für die neu gegründete Zeitung „Serbske Novine" (Serbische Zeitung) vorlegte. Dies war in demselben Jahr, 1813, als der 26-jährige Vuk nach Wien kam. Kopitar erkannte sehr schell seine außergewöhnlichen Fähigkeiten und regte ihn zu systematischer Arbeit auf dem Gebiet der Sprache und der Volksüberlieferung an.

In der europäischen Kulturwelt des ausgehenden 18. Jhs. hatten J. J. Rousseau und J. G. Herder[6] das Interesse an dem Ursprünglichen, Volkstümlich-Einfachen, Primitiven des Volkslebens und der Volkskultur vertieft, was zu einer neuen Schätzung und Bewertung der Erscheinungen und Äußerungen des einfachen Volkslebens in Sprache, Lied und Brauch führte.

Eine neue Welle des Interesses setzte ein, als Vuk Karadžić, 1814–1815, in Wien seine erste Sammlung serbischer Volkslieder ("Mala prostonarodna slavenosrpska pesmarica") veröffentlichte und der Wiener Slavist Bartholomäus (Jernej) Kopitar, der Vuk entdeckte, literarisch erzogen und zur Anerkennung verholfen hatte, die ganze literarische Welt, vor allem Jakob Grimm, auf diese Lieder aufmerksam machte.[7]

Die ersten Kontakte zwischen Vuk und Grimm wurden durch Kopitar vermittelt, der Zeit seines Lebens mit beiden eng befreundet blieb. Auf Anregung Kopitars rezensierte Grimm 1815 in der „Wiener allgemeinen Literaturzeitung" die ersten von Vuk veröffentlichten Sammlungen serbischer Volkslieder. In den Beziehungen zwischen Vuk und Grimm war Kopitar die treibende Kraft, die Brücke zwischen beiden, die die wissenschaftliche Arbeit beider in neue Bahnen lenkte und ihre persönliche Freundchaft förderte. So entstand ein freundschaftliches und wissenschaftliches Dreieck von lebenslanger Dauer:

„Kopitar und Grimm, übrigens auch selbst klein an Körper und groß an Geist, haben den körperlich schwachen, lahmen, aber geistig ungewöhnlich regen, klugen und begabten Karadžić unter beide Arme genommen und ihm nicht nur zum Sieg in seinem Lande, sondern auch zum Weltruhm verholfen."[8]

Die Beziehungen zwischen Vuk und Grimm beschränkten sich nicht nur auf den rein wissenschaftlichen Bereich. Grimm setzte seine ganze Autorität zu Gunsten Vuks ein. Er verhalf ihm durch seine Empfehlungen, unter anderem bei dem alten Goethe, und durch persönlichen Einsatz zur Veröffentlichung seiner Werke, zur wissenschaftlichen Anerkennung und zu akademischen Auszeichnungen in Deutschland, und war immer bereit, ihm mit Rat und Tat zur Seite zu stehen. Das Interesse Grimms für Vuks Arbeiten ging über das Persönliche hinaus und fand seinen Niederschlag in mittelbaren und unmittelbaren Anregungen:[9]

1. Besprechungen und Aufsätze über serbische Volksdichtung und Sprache;

2. Übersetzungen und Popularisierung serbischer Volkslieder;

3. Verdeutschung und Überarbeitung der serbischen Grammatik;

4. Einbeziehung und Verwertung vergleichenden südslavischen Materials in eigene Werke;

5. Im Briefwechsel zwischen Grimm und Kopitar, woraus die uneigennützige Hilfe für Vuk hervorgeht;

6. Im Briefwechsel zwischen Grimm und Vuk, der ein Spektrum ihrer komplexen persönlichen und wissenschaftlichen Beziehung darstellt.

Auch Vuks Leistungen für Jacob Grimm waren nicht unbedeutend. Seine Hilfe für Grimm und seine wissenschaftlichen Arbeiten hatten einen vielfarbigen Spannbogen. In dieser wissenschaftlichen Symbiose schälen sich einige wesentliche Elemente heraus, wobei zwei dominieren:

a) Vuk liefert Grimm volkskundliches Material, eine Art Rohstoff, den er im serbischen Terrain gefunden hat. In den Vordergrund treten dabei besonders Volkslieder und Märchen, Sprichwörter und Rätsel. Dieses serbische Material verwendet Grimm in seinen Werken „Deutsche Rechtsalterthümer", „Deutsche Mythologie", „Deutsches Wörterbuch" u.a.

b) Auf Anfragen von Grimm erläutert ihm Vuk einzelne sprachwissenschaftliche Aspekte im Serbischen: Ethymologie charakteristischer Wörter, ihre Bedeutungsfelder, Gebrauchsfunktion, Verbreitung, und in diesem Zusammenhang auch verschiedenartige dialektische Spielarten; Vuk vermittelte Grimm grammatische und syntaktische Kenntnisse einzelner Wörter und Wortgruppen, indem er ihm treffende Beispiele gibt.

Kopitar regte Grimm an, sich mit der Serbica zu befassen. Grimm begann im Jahre 1815 Serbisch zu lernen, um die Volkslieder im Original lesen zu können. Die Beziehung Grimms zu der serbischen Sprache wurzelt in seiner Neigung und Begeisterung zur Serbica, vornehmlich zu den Volksliedern und Märchen. Diese Begeisterung dürfte aber nicht zuletzt auch auf die Ausstrahlungskraft Vuks zurückzuführen sein. Grimm brachte ihm viel Verständnis und Sympathie entgegen und war zu jeder Zeit bereit, seinem guten Freund jede nur mögliche Hilfe zu gewähren. Wie groß diese Zuneigung und Schwäche für Vuk war, zeigt folgender Beleg aus dem Briefwechsel zwischen Grimm und Lachmann, wo Grimm, selbst dann, als er unter Zeitdruck steht, Vuks Bitte, ihm seine serbische Grammatik ins Deutsche zu übertragen, nicht abschlagen kann:

„Die ganze zeit bin ich tüchtig zerstreut worden durch treiben des serbischen, wozu mich ein neugedruckter band voll trefflicher lieder und Vuks besuch wieder aufgeregt hat. Es geschah ihm ein großer dienst damit, daß ich eine in Ungarn gemachte elende und unverständige übersetzung seiner serbisch geschriebenen grammatik durchsähe und änderte. Das ließ sich nicht gut verweigern. Vor langen jahren trieb ich die sache eifrig zu Wien und brachtes dahin, die lieder mit hülfe des wörterbuche von Voltiggi zu lesen. Das völlige einstudieren wird also nicht so sauer. Ich halte die mundart für die schönste und lohnendste unter allen slavischen."[10]

Grimm befaßte sich so intensiv mit dem Serbischen, daß er imstande war, serbische Volkslieder im Original zu lesen. Er verfügte über gründliche Kenntnisse der serbischen Grammatik und Syntax. Vuks serbische Grammatik hatte er nicht nur verdeutscht, umgearbeitet und ergänzt, sondern auch das Vorwort dazu geschrieben und selbst besprochen. Das schwierige Problem der serbischen imperfektiven und perfektiven Verben steht im Mittelpunkt Grimms serbischer sprachwissenschaftlicher Untersuchung:

„Vollkommene bildsamkeit jedes verbums zu allen temporalunterschieden scheint freilich das vorzüglichste".[11]

Vuks „Serbisches Wörterbuch" war Grimm wohl vertraut. Allesdings vermißte er darin Erläuterungen zu serbischen perfektiven und imperfektiven Verben:

„Das Wörterbuch klärt nicht genug auf, denn es gibt das praesens 'stanem', gewönliches oder daneben gültig ist aber 'stojim' (gramm. LXVIII) von 'stojati' und ferner 'stadem'?"[12]

Die Aktionsart,[13] ein Wesensmerkmal serbischer Zeitwörter, die dem Serbischen ein besonders bildhaftes und wohlklingendes Gepräge verleiht, fesselte Grimms Aufmerksamkeit. Darüber berichtet Grimm seinem Freund Lachmann:

„ Sollte z.b. unsere sprache gar nichts an sich haben von dem (in der syntax mehr als in der formenlehre a o! fruchtbaren) slavischen unterschiede zwischen verbis perfectivis und imperfectivis? die sache ist uns Deutschen auf den ersten blick so fremd, daß wir ohne beispiele nichts davon verstehen, sterben wäre z.b. ein imperfectivum, versterben ein perfectivum, auf die frage, was macht er? läßt sich nur mit dem imperfectivum antworten: er stirbt, nicht mit dem perfectivum: er verstirbt. Die praesensform der perfectiva bekommt leicht die bedeutung des futuri, z.b. ich reise ist 'proficiscor', aber: ich verreise morgen, 'proficiscar', auch ohne morgen".[14]

Kopitar „das schöne Band"[15] zwischen Vuk und Grimm, informierte fortwährend Grimm über Vuks augenblickliche Lage und regte Grimm an, seine Autorität einzusetzen, um die Stellung des Vorkämpfers für die Volkssprache in seinem Gegensatz zu der serbischen Geistlichkeit zu festigen. Eine öffentliche nichtslavische Ehrung des serbischen Sprachreformators würde die moralische Kraft Vuks stärken und das Schwert Vuks Gegnern abstupfen:

„Vuk ist Jenaischer Dr. phil. geworden.[16] Da aber Göttingen hier in größerer Reputation steht und besonders (durch Rumy) Vuks Hauptgegner, der Papst von Karlowitz[17] Mitglied der Göttinger Societät geworden ist, so wäre es für die Sache der serb. Mundart ein großer Sieg, wenn Vuk bei der unparteyischen Göttinger. Soc. auch soviel wäre, als der Metropolit. Tu videas velim de his. Wird auf wirkliches Verdienst um die Wissenschaft gesehen, so hat Vuk dessen mehr, als der Papst; – auf die Folgen der Ehre, so drückt der Papst durch das Gewicht der Göttinger in der öffentlichen Meinung der Nation die beginnende Literatur nur um so mehr. Ist aber Vuk auch Mitglied, so sind sie von dieser Seite wenigstens gleich."[18]

Grimm setzt darauf sein ganzes Ansehen ein und erwirkt über Prof. Eichhorn die Wahl Vuks zum Mitglied der Göttingschen Gesellschaft der Wissenschaften (1824). Damit wurde Vuks Hauptfeind, Stefan Stratimirović, Metropolit der ungarländischen orthodoxen Serben, der empfindlichste Schlag versetzt.

Vuk hatte zwei Hauptgegner: die serbische Orthodoxie und den Fürsten Miloš. Die serbische Geistlichkeit rief zum Widerstand gegen Vuks Sprachreform auf, da sie sich durch seine „Rebellion gegen die Sprache" in ihrer Substanz bedroht fühlte. Aber Vuk ist nicht allein. Grimm und Kopitar lassen ihn in seiner Not nicht im Stich. Kopitar schrieb an Grimm schon am 4. Februar 1819 und weist auf die Gefahr für Vuk hin:

„An der Spitze unserer Gegner steht der hohe Clerus der serbischen Kirche! Sie wollen nicht, daß jeder gute Kopf schreibe, sondern nur, wer nostrandus ist."[19]

Die Bekämpfung Vuks durch die serbische Geistlichkeit läßt auch Grimm nicht gleichgültig. In einem Brief an Kopitar erklärt sich Grimm mit Vuk solidarisch:

„Vuks Misgeschick betrübt mich, wie können Sie mit dem warmen Eifer für ihn daran Schuld haben? Und was ist die Schuld daran? Die Erhebung der verachteten Sprache zur Schriftsprache allein kann die Gegner nicht so aufbringen. Sinds die freien Wörter und Stellen?"[20]

Grimm, der intensiv an der Bearbeitung und Verdeutschung der Vukschen „Kleinen serbischen Grammatik" arbeitet, schreibt an Lachmann:

„Die 'Serbica' haben mir ein vierteljahr weggenommen, doch gereuts mich nicht, in vierzehen tagen werde ich damit fertig. Dem Vuk ist ein hauptgefallen damit geschehen, die pfaffen verfolgen ihn, zumahl der Carlowitzer papst..."[21]

Der Zweite Hauptgegner Vuks war eine Zeitlang der serbische Fürst Miloš. In seinem Brief vom 12. April 1832 an Miloš schreib Vuk unter anderem:

„... da je svakoga vladaoca prava polza samo ono, što je polezno i za njegov narod; a što je god njegovom narodu a štetu, ono ni njemu ne može biti nikako na pravu polzu."[22]
(... für jeden Herrscher ist nur das echter Nutzen, was auch für sein Volk nützlich ist; was auch immer seinem Volk zu Schaden ist, das kann auch ihm, dem Herrschenden keinesfalls zu wahren Nutzen ausfallen.)

Der ungebildete Fürst Miloš, der nicht einmal schreiben und lesen konnte, bekämpfte Vuk mit allen ihm zur Verfügung stehenden Mitteln. Der Metropolit Stratimirović und die ganze orthodoxe Hierarchie in Ungarn nahm diese Gelegenheit wahr, um Vuk und seine Sprachreform noch heftiger zu bekämpfen. Auf Vuks Drängen widmete Grimm widerstrebend[23] die deutsche Übersetzung der „Kleinen serbischen Grammatik" dem Fürsten Miloš, in der Hoffnung, dadurch Vuks Lage zu erleichtern. Im Vorwort zur Grammatik schreibt Grimm empört über die Verfolgungen Vuks:

„Aus solcher schmach und ertödtung Serbien und die serbische sprache zu rotten, hat sich erst in unsern tagen ein enzelner mann unterfangen, und mit einem erfolge, dessen tüchtigkeit jetzt wol auszerhalb Serbien mehr indie augen fällt, als in seiner heimat, bewiesen, was unverdrossener eifer und glückliche arbeitsamkeit in schneller frist ausrichten. womit er sich in andern ländern die krone öffentlicher anerkennung des verdienstes errungen hätte, hat ihm in seinem vaterlande vielleicht verfolgungen zugezogen."[24]

In Grimm hatte Vuk einen wahren Freund, auf den er sich immer verlassen konnte. Er empfand tiefe Dankbarkeit Grimm gegenüber. Der Serbe betont immer wieder, daß er die „Umwertung aller Werte"[25] Grimm zu verdanken habe.

Vuk und Grimm arbeiteten auch als Übersetzer zusammen. Vuk kannte seine eigenen Schwächen und Möglichkeiten beim Übersetzen aus dem Serbischen. Die mangelnde Beherrschung der deutschen Sprache zwangen ihn zu einer wörtlichen Übersetzung, zu einer wortgetreuen Wiedergabe des Originaltextes. Er war sich dessen bewußt, daß seine Übersetzungen von einem besseren Kenner der deutschen Sprache verbessert werden mußten:

„Ich habe ihnen schon auch aus dem II. Bd. einige wörtlich übersetzt (aber Sie können besser übersetzen als ich)."[26]

Über Grimm serbische Sprachkenntnisse war Vuk immer von neuem überrascht:

„Ihre Vorrede ist zehnmal besser und wichtiger als
meine Grammatik und Wörterbuch. Auch über Partikeln
Sie haben viel besser gemacht, als ich ihnen Materiallen
geschickt haben."[27]

Nach der ersten Begegnung mit Grimm (1823), als er das Lied „Dioba Jakšića" (*Erbschaftsteilung der Jakšić-Brüder*) zu Gesicht bekam, schrieb Vuk an Kopitar:

„Ja nijesam nikad mogao misliti, da Grim ovoliko zna srpski!"

(Ich hätte niemals geglaubt, daß Grimm soviel Serbisch kann!)[28]

Grimm liebt die serbische Sprache und vergleicht sie mit dem Deutschen: „Und unsere sprache ist viel zerfahrener, nicht mehr so rein und natürlich wie die serbische."[29] Grimm versuchte sich als Übersetzer serbischer Lieder. Er übertrug in dem Taschenbuch „Sängerfahrt",[30] „Neunzehn serbische Lieder" (1818), drei Jahre nachdem der begonnen hatte Serbisch zu lernen. Das sind seine ersten Übersetzungen aus dem Serbischen. Die Übertragung des Liedes „Dioba Jakšića" schickte er Goethe zu. Zum Problem des Übersetzens schreibt Grimm in der „Wiener allgemeinen Literaturzeitung:"

„Eine einfache, wörtlich treue und fast interlineare prosaische übersetzung würde in Deutschland willkommen und dem studium der serbischen sprache unter uns behüflich sein. eine schulgerechte übertragung, die im sinn der neueren inhalt und form ins deutsche umwandeln zu können wähnt, möchten wir nicht einmal
fordern, weil wir sie an sich selbst für ein unding erachten."[31]

Er verweist auf das schwierige Problem der häufigen serbischen Diminutive:

„... unserer sprache und unserm volkston widerstehenden,
häufigen diminutiven: erdlein, blütlein verfahren. sie
wollen nichts als das einfache erde und blüte sagen."[32]

Obwohl Vuk die deutsche Sprache nicht vollkommen beherrachte und immer auf die Sprachkorrektur anderer – z.B. Grimms, Kopitars – angewiesen war, haben seine Übertragungsversuche bei Grimm dennoch Zustimmung gefunden:

„Die übersandten Proben einer schlichten und ungeschmükten verdeutschung haben mir gefallen."[33]

Das ähnliche Schicksal, dieselben sprachwissenschaftlichen Interessen, die gemeinsame Liebe zur Volksdichtung, Grimms aufopfernde Hilfe und Beratung, seine Anregung, der Ansporn und die methodischen Hinweise, die er Vuk beim Sammeln volkskundlichen und sprachwissenschaftlichen Materials gegeben hat, die moralische Unterstützung im Kampf gegen die Feinde der Vukschen Sprachreform, all dies hat die freundschaftlichen Beziehungen zwischen Vuk Karadžić und Jacob Grimm gefestigt und vertieft. Der Briefwechsel zwischen Vuk und Grimm spiegelt diese Freundschaft wider. Grimms Freundschaft und Liebe zu Serbien, zum serbischen Volk und zu seiner Sprache, gipfelt in einem Brief an Vuk vom 29. Mai 1845:

„Möge es in Serbien, Ihrem geliebten vaterlande, immer besser werden".[34]

Was Grimm für Vuk und das serbische Volk geleistet hat, und Vuks Dankbarkeit für Grimm zeigen folgende Worte aus dem Briefwechsel:

„Ich habe auch Ihre Recensionen über II. und I. Bd. der Lieder empfangen, und im Namen aller Serben, die ihre Sprache und ihre Nation lieben, danke ich Ihnen Tausend Mal".[35]

Und in einem anderen Schreiben heißt es:

„Ich bleibe ewig Ihr Schuldner theils für diese Ehre welche Sie unserer Nation und der Sprache und mir gemacht haben..."[36]

Der bedeutendste Biograph Vuks, Ljub. Stojanović, schrieb in seinem Werk „Život i rad Vuka Stef. Karadžića" folgende anerkennenden Worte über Grimm:

„Nema sumnje Grim je pored Kopitara najviše učinio da se među Nemcima raširi znanje o Srbima, o srpskom jeziku i o srpskoj literaturi..."[37]

(Ohne Zweifel hat Grimm neben Kopitar am meisten dazu beigetragen, daß sich unter den Deutschen die Kenntnis über die Serben, über die serbische Sprache, und über die serbische Literatur verbreitete.)

Südslavische Parömiologie vor Vuk Karadžić

Die serbische Sprichwortkunde war und ist von der südslavischen Sprichwortkunde nicht zu trennen; denn sie ist mit dieser organisch verbunden und stellt deren wesentlichsten Teil dar. Dies äußert sich in einer gegenseitigen Durchdringung und Befruchtung. Die südslavische Parömiologie vor und nach Vuk ist in der gegenwärtigen jugoslawischen Volkskunde noch nicht eingehend untersucht und erforscht worden. Ein kleiner Teil der früheren Aufzeichnungen über südslavische Sprichwörter fand sich in alten Büchern verstreut, der beträchtlichere Teil handschriftlicher Manuskripte war schon zur damaligen Zeit eine Rarität und ist gänzlich in Vergessenheit geraten; der wesentlichste Teil aber ist ohne jegliche Spur für immer verlorengegangen.[1]

Die ersten Hinweise zur Entstehungsgeschichte der südslavischen Parömiologie sind im Küstengebiet des heutigen Jugoslawien zu finden. Dort haben die nachstehend genannten Schriftsteller sehr häufig in ihrer Prosa und Poesie, in wissenschaftliche und unterhaltende Schriften Sprichwörter eingeflochten, die nur zum geringen Teil bis heute erhalten geblieben sind. Einer der ersten Sprichwortsammler, nach den bis jetzt vorhandenen Belegen, ist Juraj Šižgorić[2] (etwa 1420–1509), Humanist und Dichter aus dem alten Šibenik. Er sammelte „illyrische" Sprichwörter und übertrug sie ins Lateinische. Ihm folgen die Ragusaner Stijepo Benešić (1545–1608) und Bernard Đurđević (1621–1687). Die erste Sammlung südslavischer Sprichwörter, die erhalten blieb, ist einem Deutschen zu verdanken. Der deutsche Lexikograph und Historiker Hieronymus Megiser (gestorben 1615), bekannt als Verfasser des ersten slovenischen Wörterbuchs ("Dictionarum quatuor linguarum", 1592), hatte achtzehn slovenische Sprichwörter in seine große vielsprachige Sammlung „Paroemiologie" (1. Auflage: 1592, 2. Auflage: 1603) aufgenommen. Danach erst, gegen Ende des 17. Jhs., erschien die zweite Sammlung südslavischer Sprichwörter aus Dubrovnik,[4] die als Manuskript heute in der Zagreber Universitätsbibliothek aufbewahrt wird.

Das komplexe soziale, kulturelle und wirtschaftliche Gefüg bedingt durch ständige Unruhen und kriegerische Auseinandersetzungen mit fremden Mächten, verursachte im südslavischen Sprachraum eine Vielfalt von Sprichwort-Varianten, die ihren Niederschlag in folgenden Werken fanden:

1. In den südsalvischen Romanen des Mittelalters, z. B. „Život Aleksandra Velikog" (*Das Leben Alexander des Großen*) u.a.

2. In den Werken der Ragusaner (Dubrovniker) und dalmatinischen Dichter, Lustspielautoren, Prediger und Moralisten, wie z.B. Šiško Menčetić, Džore Držić, Petar Zoranić, Marin Držić, Dinko Ranjina, Dinko Zlatarić, Petar Hektorović, Martin Benetović, Dživo Gundulić, Džono Palmotić, Petar Knežević, Andrija Kačić-Miošić, Đuro Ferić, Francesco Maria Appendini u.a.

3. In einzelnen Traktaten und Kommentaren serbischer und kroatischer Schriftsteller des 17., 18., und 19. Jhs., wie z.B. Pavle Riter Vitezović, Gavrilo Stefanović-Venclović, Dositej Obradović, Toma Mikloušić, Milovan Vidaković u.a.

4. In den Sprichwörter-Sammlungen von Vuks Vorläufern, den Chroniken unbekannter Sammler aus Dubrovnik, ferner bei Ivan Altesti, Jovan Muškatirović, Stefan Ferenčević u.a.

Diese Vielfalt von Sprichwort-Varianten, -Verästelungen und -Verflechtungen verschiedenartigster kultureller, politischer und sozialer Einflüsse und eine Reihe subjektiver und objektiver Gründe haben dazu geführt, daß wir bis heute keine zusammenfassende Gesamtdarstellung der Entstehungsphasen einer gegenwärtigen südlavischen Parömiologie besitzen.

Vuks Quellen und Anreger

Um daß Wirken Vuks auf dem Gebiet der serbischen Sprichwortkunde zu erforschen und auszuwerten, ist es wichtig, die Grundlagen und Quellen seiner unmittelbaren Vorläufer und Anreger aufzuspüren, deren Einfluß Vuks parömiologische Arbeit geprägt hat. Als er begann, serbische Sprichwörter zu sammeln, verfügte er weder über ausreichende Erfahrung noch über theoretische Vorkenntnisse in der Sprichwortkunde. Dies war für die damalige Zeit durchaus nicht verwunderlich, weil infolge der brutalen türkischen Unterdrückung und ununterbrochener Kämpfe der Serben um ihre nationale Existenz eine kulturelle und literarische Kommunikation so gut wie nicht bestand. Der historische Hintergrund für das Auftauchen vieler serbischer Sprichwörter zur Zeit Vuks war die Bildung des serbischen Staates unter Karađorđe[5] und Fürst Miloš. In Vuks parömiologischer Forschungsarbeit schälen sich zwei bemerkenswerte Komponenten heraus, die seine Sammeltätigkeit beeinflußt und mitbestimmt haben:

einmal die Werke seiner Vorläufer, die man als seine Quellen bezeichenen kann:
Dositej Obradović,
Jovan Muškatirović,
Stefan Ferenčević,
Francesco Maria Appendini,
Đuro Ferić;

zum anderen Vuks Helfer bzw. Mitarbeiter, die in seinem Auftrag serbische Sprichwörter zusammengetragen haben:

Vuk Popović,
Vuk Vrčević,
Jovan Stejić,
Jovan Popović,
Đorđe Protić,
Andre Stazić,
Dimitrije Popović,
Maksim Škrljić,
und viele andere Unbekannte.[6]

Darüber hinaus hat Vuk von Fürst Miloš und dessen Umgebung auch Sprichwörter gehört und sie aufgezeichnet. Anica Saulić[7] führt an, daß Vuk vor der ersten Ausgabe seiner Sprichwörter (1836) längere Zeit auch die handschriftliche Sammlung des Samuilo Ilić Abt und Theologieprofessor, in Händen gehabt habe.

Unter Vuks Vorläufern sind Dositej Obradović, Jovan Muškatirović und Francesco Maria Appendini die bedeutendsten.

Dositej Obradović (1742–1811),

energischer Wehbahner der Ideen der Aufklärung, hat in sein Werke etwa hundert Sprichwörter eingestreut, von denen Vuk achtundzwanzig übernommen hat. Hier einige Beispiele:
aus „Sovjeti zdravog razuma"
(Ratschläge des gesunden Menschenverstandes):[8]
što dikla navikla, to nevjesta ne odviče
(Was sich das Mädchen angewöhnt hat,
das gewöhnt es sich als Braut nicht ab);
aus „Basne" *(Fabeln)*:[9]
Ko za tuđom vunom pođe, sam ostrižen kući dođe
(Wer fremder Wolle nachgeht, kommt selbst geschoren heim)
aus „Mezimac" *(Liebling)*:[10]
Oči svašto vide, a sebe ne vide
(Augen sehen allerlei, aber nicht sich selbst);
aus „Život i priključenija" *(Leben und Erlebnis)*[11]
und „Etika" (Ethik)[12] übernahm Vuk ebenfalls einige Sprichwörter.

Es gibt eine Reihe von Sprichwörtern bei Vuk (etwa fünfzig), die sich formal mehr oder weniger von denen bei Dositej abheben. Miroslav Pantić vertritt die Ansicht, es handle sich hier um Varianten oder um Vuks eigene Stillisierung und er hebt hervor, Dositej sei als Vuks Quelle zu betrachten.[13]

Folgenden Sprichwort liefert den Beleg für diese Auffassung:
Dositej: Idući po tragu nađe čovek zeca.
(Der Spur folgend findet man den Hasen.)
Vuk: Po tragu se zec nađe.
(Nach der Spur findet man den Hasen.)
Vuk hat Dositej sehr geschätzt, aber er erwähnt nirgends, daß er in seinen Werken von Dositej Sprichwörter übernommen habe.

Jovan Muškatirović (1743–1809),

Rechtsanwalt aus Senta, hat zwei Sprichwörter-Sammlungen herausgegeben: „Pričte ili po prostomu poslovice",[14] Beč 1787/1. Auflage; Budim 1807/2. Auflage. (*Erzählungen oder einfach Sprichwörter,* Wien 1787; Budapest 1807).

Die Namensbezeichnung „pričte" soll den Leser darauf aufmerksam machen, daß die Sprichwörter aus Erzählungen hervorgegangen sind. Muškatirović hat fünfzig Jahre vor Vuk Sprichwörter zusammengetragen und veröffentlicht. Nicht nur bei den Serben, sondern auch bei allen Südslaven gilt er als erster Sprichwörtersammler.

Muškatirović's Sammlungen waren für Vuk die Grundquelle seiner parömiologischen Tätigkeit und von ihm übernahm er die meisten Sprichwörter (etwa über 1160). Im Vorwort zur ersten Ausgabe „Serbische Sprichwörter" (Cetinje 1836), bekannte Vuk, Muškatirović's Sammlungen benutzt zu haben:[15]

„...uzeo sam samo one za koje sam slušao da se po narodu govore, i za koje niko ne može reći da su sramotne". (...ich hatte nur diejenigen genommen, von denen ich hörte, daß sie noch im Volk gesprochen werden und von denen keiner sagen konnte, daß sie schändlich seien.)

Wie die Übernahme vor sich ging, mögen folgende Beispiele veranschaulichen:

a) Koga kaluđeri biju i svinje drpaju,
ne treba mu gore nevolje.[16]
(Wen Mönche schlagen und Schweine reißen,
der braucht keine schlimmere Not.)
Diese Sprichwort übernahm Vuk unverändert.

b) Vuk wandelt die ekavische Form des Adjektive „lep" in die ijekavische Form um:
M: I panj je lep obučen i nakićen.[17]
V: I panj je lijep obučen i nakićen.
(Auch der Klotz ist angezogen und geschmückt schön.)

c) Vuk ändert nur die Wortfolge:
M: Jeftin espap prazni kesu.
V: Jeftin espap kesu prazni.
(Billige Ware leert den Beutel.)
M: Ko se vrabaca boji, proje nek ne seje.
V: Ko se boji vrabaca, nek ne seje proje.
(Wer die Sperlinge fürchtet, soll keinen Mais säen.)

d) Die Form der Einzelwörter wird verändert:
M: Mučno je pseto s mačkom i kurjaka s ovcom pomiriti.
V: Teško je pseto s mačkom i kurjaka s ovcom pomiriti.
(M: Qualvoll ist, den Hund mit der Katze
und den Wolf mit dem Schaf zu versöhnen.)

V: (Schwer ist, den Hund mit der Katze
und den Wolf mit dem Schaf zu versöhnen.)

e) Vuk stillisiert auch einzelne Wortelemente:
M: Nije za ćelava češalj kano ni za slepca ogledalo ni za gluva svirač.
V: Nije za ćelava češalj kao ni za slijepca ogledalo ili za gluha svirač.
(Für den Glatzköpfigen ist ein Kamm das, was für den Blinden ein Spiegel, oder für den Tauben ein Musikant ist.)

f) Mitunter nimmt Vuk wesentliche Änderungen vor:
M: Mučno se je kadijom nazvati, a već posle dosta je i sira i masla.
V: Teško se kadijom nazvati, a onda dosta meda i masla.
(M: Qualvoll ist es, sich Kadi zu nennen, danach aber gibt es genug Käse und Schmalz.)
(V: Schwer ist es, sich Kadi zu nennen, dann aber genug Honig und Schmalz.)

g) Einzelne Erläuterungen Muškatirović's übernimmt Vuk, formuliert sie aber um:
M: I voda zube ima. – *sirječ:* što se često pere, friško se podere.
V: I voda zube ima.
– *t.j.* što se često pere, brzo se podere.
(M: Auch das Wasser hat Zähne.
– man sagt: was man häufig wäscht, zerschleißt frisch.)
(V: Auch das Wasser hat Zähne.
–d.h. was man häufig wäscht, zerschleißt schnell.)

Muškatirović hat im Gegensatz zu Vuk in der 2. Auflage seiner Sprichvörter-Sammlung neben serbischen, auch eine Anzahl deutscher, englischer, französischer, lateinischer, rumänischer, ungarischer, slowakischer, ja selbst kirchenslavischer Sprichwörter aufgenommen und sogar „ein schlesisches" Sprichwort.

Vuk gibt weit mehr Erläuterungen zu seinen Sprichwörtern als sein Vorgänger Muškatirović:

Einmal sind es vollständige Volksmärchen, bis in Einzelheiten wiedergegeben, oder aber nur in groben Umrissen erzählt. Darstellungen von Volkssitten und Gebräuchen, Erklärungen von Segenssprüchen, Schwüren, Wahrsagungen, Flüchen, Andenken, Erinnerungen, oder Schilderungen dessen, was Vuk selbst erlebt, gesehen und gehört hatte.[18]

Manche Sprichwörter hat Vuk von Muškatirović nicht übernommen, obwohl sie im Volk verbreitet waren:
Uzdaj se u se i u svoje kljuse.
(Verlaß dich auf dich selbst und auf deinen Gaul.)
Od meka obraza deveto kopile.
(Von der weichen Ehre neunter Bastard.)
Vuk hatte in seinen Sprichwörtern Rücksicht auf die Geistlichkeit genommen. Muškatirović dagegen war ebenso antiklerikal und antireligiös eingestellt wie Dositej:
Gladan i patrijarh hleba će ukrasti.
(Auch der hungrige Patriarch wird Brot stehlen.)
Muškatirović's Sprichwort spielt auf diejenigen an, die das Fasten verlangen, es selbst aber nicht einhalten:
Nije greh u jelu već u zlu delu.
(Die Sünde ist nicht im Essen, sondern in der büsen Tat.)
Lasno je s punim trbuhom post hvaliti.
(Leicht ist es, mit vollem Bauch das Fasten zu loben.)
Muškatirović war für Vuk Vorbild und Quelle. Aus seinen Sprichwörter-Sammlungen lernte er nicht nur die Methode, sondern auch die Arbeitsweise für seine spätere parömiologische Tätigkeit. Es wurde mit Recht von Muškatirović gesagt, er habe intuitiv die Bedeutung der Volksweicheit und der Volkssprachen erkannt.

Francesco Maria Appendini (1768–1837),[19]

Polyhistor aus Dubrovnik, italienischer Abstammung, hatte hundertsiebzehn „illyrische" Sprichwörter *(Provverbi illirici)* als Beispiele in seine „Grammatik der illyrischen Sprache" einbezogen, die Vuk als Quellenmaterial benutzte. Vuk hatte Gelegenheit, ihn in Dubrovnik persönlich kennenzulernen. Von ihm übernahm er siebenundvierzig Sprichwörter:

a) Manche Sprichwörter blieben in ihrer ursprünglichen Form erhalten:
Soko perjem leti a ne mesom.
(Der Falke fliegt mit senen Federn
aber nicht mit seinen Fleisch.)

b) Die meisten Sprichwörter Appendinis haben durch Vuk geringfügige Korrekturen erfahren:

A: *Čijem* se koza dičila, tijem se ovca sramila.
V: *Čim* se koza dičila, tim se ovca sramila.
(Wessen die Ziege sich rühmte, dessen schämte sich das Schaf).

c) Mitunter sind Vuks Eingriffe einscheidender:
A: *Tkogod* se i za *lis skrije,* a tkoga ne može
ni dub da sakrije.
V: *Neko* se za *list sakrije,* a nekoga ne može
ni dub da pokrije.
(A: Jemand versteckt sich hinter ein Blatt und kann nicht einmal eine Zerr-Eiche verbergen.)
(V: Jemand versteckt sich hinter ein Blatt und kann nicht einmal eine Zerr-Eiche verdecken.)

Auch Stefan Ferenčević,[20] Pfarrer aus Sombor, der Anfang des 18. Jhs. lebte, diente Vuk als Quelle, Von ihm übernahm er für sein „Prvi srpski bukvar", 1827, *(Die erste serbische Fibel),* daß Sprichwort:
U laži je plitko dno.
(Die Lüge hat einen seichten Grund).
Später übernahm Vuk von ihm noch sieben weitere Sprichwörter:
Siromaštvo i kašalj ne dadu se sakriti.
(Armut und Husten lassen sich nicht verbergen.)
Drvo se na drvo naslanja, a čoek na čoeka.
(Baum lehnt sich an Baum, und Mensch an Menschen.)
Bolje je pokliznuti nogom, nego jezikom.
(Besser ist es, mit dem Fuß auszurutschen,
als mit der Zunge.)[21]
Von dem Dubrovniker Dichter Đuro Perić (1739–1820), übernahm Vuk für seine erste Sprichwörter-Sammlung (Cetinje 1836) nur vier Sprichwörter, zwei davon lauten:
Star pas kad laje, svjet daje.
(Wenn der alte Hund bellt, ist die Welt großzügig.)
Suhoj zemlji i slana je voda dobra.
(Für trockene Erde ist sogar Salzwasser gut.)
Alle diese Quellen bilden ein Sprichwörter-Material von etwas mehr als einem Viertel (1245), der von Vuk gesammelten Sprichwörter, wobei er diese Sprichwörter der Literatur entnommen und nicht nach mündlicher Überlieferung aufgezeichnet hat.

Das Wirken Vuk Karadžićs für die serbische Sprichwortkunde

Vuk hat von Anfang an den Sprichwörtern seine größte Aufmerksamkeit geschenkt. Sprichwörter und Volkslieder, Volksmärchen und Sprache. Sitten und Gebräuche, das waren für Vuk Kernsubstanzen des serbischen Volkes. Anregung und Ansporn zum Sammeln serbischer Sprichwörter erhielt Vuk durch Kopitar und Grimm. Ein Brief Kopitars an Vuk, vom 12. Mai 1815, liefert dafür den Beleg:

„Hier übermache ich Ihnen eine Einladung von Grimm. Volkssachen interessieren die Gesellschaft, von allen Nationen. Sie werden daraus ersehen, was das deutsche Volk noch erhalten haben kann."[1]

Im Anschluß an den Wiener Kongreß, 1815, rief Jacob Grimm zum Sammeln von Volksüberlieferungen auf, ja er regte selbst die Gründung einer wissenschaftlichen Gesellschaft an, die volkskundliches Material zusammentragen und auswerten sollte.[2] In diesem Sinne wandte sich Grimm mit seinem Schreiben vom 2. April 1815 an Vuk. Dieser Aufruf zum Sammeln von Volksüberlieferungen war für Vuk micht nur „der erste antrieb"[3] zum Sammeln serbischer Volkssprichwörter und anderen volkskundlichen Materials, sondern zugleich ein wertvoller methodischer Hinweis, den ihm ein erfahrener Freund zur Technik des Sammelns gab. Auch Kopitar, vermutlich selbst erst durch Grimms Brief angeregt, legte Vuk nahe, Sprichwörter zu sammeln:

„Nebst den Volkssagen, sollten Sie auch eine rein serbische Sprüchwörtersammlung herausgeben; nicht wie im Muškatirović alles durcheinander, aus dem deutschen, lateinischen, ungrischen etc. übersetzten, sondern nur solche, die im serbischen Volke zu hören sind. Bei manchen, die sich auf Fabeln, oder Nationalgebräuche beziehen, wäre eine Zeile Erläuterung nicht überflüssig (besonders für uns ausserserbische Slaven)."[4]

Kopitar darf als Brücke und Vermittler zwischen Vuk und Grimm nicht unerwähnt bleiben. Auf beide übte er großen Einfluß aus und regte Vuk und Grimm zu einer noch tieferen und fruchtbareren Freundschaft und wissenschaftlichen Zusammenarbeit auf dem parömiologischen Gebiet an. Ljub. Stojanović[5] und Max Vasmer[6] haben nachgewissen, daß das ganze Werk Vuks – die Sammlungen von Volksliedern, später auch von Märchen und Sprichwörtern, die Abfassung des Wörterbuchs und der Grammatik, die Übersetzung des Neuen Testaments ins Serbische – nach einem Plan durchgeführt seien, der dem serbischen Reformator durch Kopitar und teilweise durch Jacob Grimm vorgezeichnet war. Vatroslav Jagić[7] schloß sich dieser Auffassung an, daß auch die Anregung, ein reiches volkskundliches und folkloristisches Material in das Wörterbuch aufzunehmen, von Kopitar ausgegangen sei.

Die ersten Anhaltspunkte für die Zeit, in der Vuk damit begann, serbische Sprichwörter zu sammeln, finden wir in seiner Vorankündigung[8] der ersten Auflage seiner Sprichwörter:

„Ja sam još od godine 1814. počeo beležiti kad mi koja od oni poslovica, koji u knjižici Muškatirovićevoj nema, na um padne, ili je od koga čujem, i već sam ji do sad nakupio više od iljade."

(Ich begann schon seit 1814 aufzuzeichnen, wenn mir eines von den Sprichwörtern in den Sinn kam, die in Muškatirović's Buch nicht vorhanden sind, oder wenn ich es von jemendem hörte, und ich habe davon bereits mehr als tausend gesammelt.)

Diese Vorankündigung ist ein wichtiger Beleg, einmal weil er Aufschluß darüber gibt, wann Vuk zu sammeln begann und zum anderen, wie er dabei vorgegangen ist. Folgende Merkmale sind kennzeichnend: Vuk notierte Sprichwörter, die ihm vertraut waren, d.h. solche, die ihm einfielen; dann Sprichwörter, die er bei passenden Gelegenheiten von anderen Leuten hörte; und schließlich Sprichwörter, die er von seinen Vorläufern bzw. Anregern übernahm. Im Vorwort zu der ersten Ausgabe[9] seiner Sprichwörter schreibt Vuk:

„Ja sam poslovice naše počeo skupljati još prije 20 godina, kad i pjesme i riječi."

(Ich habe schon vor 20 Jahren angefangen, unsere Sprichwörter zu sammeln, gleichzeitig auch Volkslieder und Wörter.)

Diese beiden widersprüchlichen Außerungen von Vuk liefern keinen einwandfreien Beleg dafür, wann er tatsächlich mit dem Sammeln angefangen hat; auch nicht die Anregung Kopitars vom 11. April 1815; „Nebst den Volkssagen, sollten Sie auch eine reine serbische Sprichwörtersammlung herausgeben"[10] Miroslav Pantić[11] meint, die ersten zahlreichen Aufzeichnungen serbischer Sprichwörter seien an die Jahre geknüpft, in denen Vuk intenziv an seinem „Serbischen Wörterbuch" gearbeitet habe, also vor 1818. Vuk bekundet, dem Sprichwort bereits in seiner jüngsten Kindheit begegnet zu sein und zwar in seinem Heimatort Tršić. Zu der Erläuterung des Sprichworts:

„Vid'la žaba đe se konji kuju, pa i ona digla nogu",

(Der Frosch sah, wie die Pferde beschlagen wurden und hob selbst ein Bein),

schreibt er:

„Ja sam ovu poslovicu još kao malo dijete slušao u Tršiću; a sada 8. Maja 1835 čuo sam je u Perastu
od jedne sredovječne žene."[12]

(Ich habe dieses Sprichwort schon als kleines Kind in Tršić gehört; und jetzt hörte ich es wieder am 8. Mai 1835 von einer Frau mittleren Alters.)

Vuk, der bereits als Kind das Sprichwort kennenlernte, hat sich nie mehr von ihm getrennt. Das Sprichwort ist mit ihm verwachsen und fest verwoben mit seinen Werken. Das serbische volkstümliche Sprichwort war ihm ein treuer Gafährte und prägte sein ganzes Wesen. Mit dem Sprichwort, das in seinem Leben so vielfältig wirksam war, schrieb, dachte und sprach er. So schrieb er in einem Brief an Jacob Grimm, vom 3. Februar 1825:[13]

„Ich bin sehr froh, dass meine Sorge für Vorrede der Grammatik überflüssig war. Serbisch sagt man:

'Koga su guje klale, i guštera se boji'.

(Wen die Schlangen geschlachtet haben, der fürchtet auch eine Eidechse.)

Das Sprichwort ist Kampfmittel in den heftigen und leidenschaftlichen Polemiken, wie auch in den Auseinandersetzungen mit seinen Feinden, aber auch mit seinen Freunden. Zur Verteidigung seines Wörterbuchs pflegte er zu sagen:

„Laßt sie soviel schreien wie es ihnen Spaß macht.
Bei uns Serben wird oft gesagt: „Wer die Sperlinge

fürchtet, soll keinen Mais säen, und ich wünsche
weder Abt noch Erzpriester zu sein!"[14]

Wie die Sprichwörter, so sammelte Vuk nach demselben Prinzip auch das sonstige Wortmaterial, die Volkslieder und Märchen. Die langen gefalteten Papierbogen waren ihm immer bei der Hand. Jede Gelegenheit, die sich ihm bot, im Gespräch mit älteren Leuten und auf Reisen, benutzte er dazu, sprachlich Neues und Interessantes Aufzuzeichnen. Die Sprichwörter nehmen einen bedeutenden Platz ein. Diese so in Eile aufgezeichneten Sprichwörter[15] waren nicht immer einwandfrei widergegeben und blieben sehr häufig ohne Kommentar und ohne jede Deutung. Die Aufzeichnung und Sammlung serbischer Sprichwörter war anstrengend und schritt nur langsam voran. Für Vuk war diese Arbeit mühsamer als das Sammeln von Märchen und Volksliedern. In seinem Brief an Kopitar, vom 20. April 1815, bekundet er:

„Poslovice se teško kupe, jerbo to mora čovek da
čeka dok kogod rekne."[16]

(Die Sprichwörter lassen sich schwer sammeln, weil
man immer darauf warten muß, bis jemand eines sagt.)

Die Komplexheit im Sammeln serbischer Sprichwörter bezeugt eine andere Aussage Vuks etwa fünfzehn Jahre später im Vorwort[17] zur ersten Ausgabe seiner Sprichwörtersammlung:

„Za pjesme i za pripovijetke može čoek koga pitati da mu ih kaže; ali za poslovice ne može (kao ni za riječi), nego, kad se s kim govori, valja paziti i čekati dok se koja rekne u razgovoru."

(Nach den Liedern und Erzählungen kann man jemanden fragen, damit er sie einem sagt; aber für die Sprichwörter gilt das nicht (genauso wie für Worte), sondern wenn man mit jemandem spricht, soll man darauf achten und warten, bis eines im Gespräch gesagt wird.)

Im Vorwort zur ersten Sprichwörtersammlung äußert sich Vuk über die Gliederung seiner Sprichwörter.

„Poslovice bi se mogle razdijeliti na više redova, a osobito na prave poslovice, koje se svagda jednako govore, n.p. Teško loncu iz sela začine čekajući!"

(Die Sprichwörter lassen sich in mehrere Gruppen einteilen, insbesondere aber in echte Sprichwörter, die immer gleich gesprochen werden, z.B.:
Weh dem Topf, der auf die Würze aus dem Dorf wartet!)

Zu der zweiten Gruppe sagt Vuk:
„I na onake koje se različno govore."
(Und in diejenigen, die verschiedenartig gesprochen werden.)
Und als Beispiel führt er an:
„Preveo bi žedna preko vode."[18]
(Der würde den Durstigen übers Wasser übersetzen.)
Die Quellen zu den Sprichwörtern führte Vuk nicht immer an. Die Beziehung des Sprichwörters zur Erzählung bzw. zum Märchen spielte eine bemerkenswerte Rolle bei Vuk, wie bei Muškatirović, der ihm zweifelsohne Vorbild war. Dazu sagte Vuk in seinem Vorwort 1836:
„Kod djekojih poslovica (dje sam znao) dodao sam pripovijetke od kojih su poslovice postale, i po kojima će čitatelj lasno moći doznati u kakvim događajima one poslovice sad govore (ponajviše je običaj da se uza svaku ovakvu poslovicu cijela njena pripovijetka najprije pripovijedi)."[19]

(Bei manchen Sprichwörtern (wo ich es mußte) habe ich die Erzählungen hinzugefügt, aus denen die Sprichwörter hervorgegangen sind und an denen der Leser leicht erkennen kann, bei welchen Ereignissen jene Sprichwörter jetzt gesprochen werden (meistens ist die Sitte so, daß zu jedem derartigen Sprichwort eine ganze Erzählung erzählt wird).

Die Wechselbeziehungen Sprichwort – Erzählung – wahre Begebenheit – versah Vuk (ebenso wie Muškatirović) mit Anmerkungen aus dem Lokalkolorit der einzelnen Gegenden, wie es z.B. diese Sprichwörter beweisen:
Otkini psu rep, pas te pas. U Dubrovniku.
(Reiß den Hund den Schwanz ab, der Hund bleibt Hund. In Dubrovnik).
Žene se biju čibukom a ljudi nožem ali puškom. U Crnoj Gori.[20]
(Die Frauen werden mit dem Tschibuk geschlagen und die Männer mit dem Messer oder Gewehr. In Montenegro).
Im „Serbischen Wörterbuch"[21] verwendet Vuk das Sprichwort als Quelle und zur Veranschaulichung des Wortmaterials und verfährt dabei ähnlich wie Jacob Grimm in seinem „Deutschen Wörterbuch". Vuk scheut sich nicht, obszöne Ausdrücke aufzuführen:

Lasno je tuđim k...em gloginje mlatiti.
(Leicht ist es, mit einem fremden Penis den Weißdorn zu dreschen).

Über die Ethymologie des Wortes „poslovica" (Sprichwort) war sich Vuk nicht ganz im klaren. Im Vorwort zu der ersten Ausgabe seiner Sprichwörter sagt er:

„Soviel ich weiß, gibt es im Volke keinen Namen für 'poslovica', sondern, wenn man eines gebraucht, pflegt man gewönlich zu sagen: 'Was man sagt'. 'Was man sagt'. Oder 'Was die Alten sagen'. Oder 'Was die alten Weiber zu sagen pflegen'."[22]

Die Wortbezeichnung „poslovica" wird im heutigen Serbischen nicht vom Wort „posao" abegeleitet (posao = Arbeit, Geschäft, Beschäftigung), wenn es auch eine Reihe von Sprichwörtern gibt, die einen Arbeitsprozeß schildern oder widergeben oder in irgendeiner Beziehung zur „Arbeit" stehen. Alle Zeichen deuten darauf hin, daß ein wesentliches Merkmal des Sprichworts ein „Erinnern" ist, ein „Zurückerinnern" an einen bestimmten Fall oder an einen Erzählvorgang einer im Volk verbreiteten und beliebten Erzählung. So wird z.B. bei Vuk in einem Sprichwort tiefverwurzeltes Mißtrauen gegen die Türken dargelegt:

„U Turčina vjera na koljenu."
(Dem Türken sitzt der Glaube im Knie.)

Dieses Sprichwort, als Quintessenz einer tatsächlichen Begebenheit, will die Serben davor warnen, dem Türken zu trauen, da sein Glaube im Knie sitzt; das Knie aber ist biegsam. Die Anwendung und die Gesprächssituation dieses metaphorischen Sprichworts ist die Erinnerung an die Worte eines Menschen, der ein bestimmtes Ereignis aus de Türkenzeit so geschildert hat. Das Wort „poslovica" drang aus dem Russischen in die Bücher, in das Schrifttum gelehrter serbischer Kreise ein und hatte sehr lange Zeit keinen Zugang zum Volksmund gefunden. Das Wort „slova" hat im Altserbischen wie auch im heutigen Russischen die Bedeutung von „Worte", d.h. das serbische Wort „poslovica" bezeichnet in der Tat das, was man „nach den Worten" eines Augenzeugen oder Beteiligten aus einer bestimmten Situation heraus bei einer passenden Gelegenheit besonders herausstreicht und mit Nachdruck wiederholt.

Es ist bezeichnend für Vuk, daß er das Wort „poslovica" von Anfang an gebraucht, so z.B. in einem Brief an Kopitar, vom 20. April 1815, wo es heißt:
„Poslovice se teško kupe..."[23]
(Die Sprichwörter sind schwer zu sammeln...)
Alle seine Sprichwortsammlungen tragen den Namen „poslovice".

Auch Vuks unmittelbare Vorläufer gebrauchen den Terminus „poslovica": Zaharije Orfelin (1726–1785), ferner Dositej Obradović (1742–1811), und Jovan Muškatirović (1734–1809). In den Schriften älterer südslavischer Schriftsteller begegnet man dem Terminus „poslovica" nicht. Er wird vielmehr paraphrasiert. Bei Šiško Menčetić (1457–1527) steht „rič odvijeka" (das Wort seit jeher); Dinko Ranjina (1536–1607) schreibt: „vele svi" (alle sagen); Marin Držić (1508–1567): „ono štono se reče" (das was man sagt), oder: „nije zaman rečeno" (es ist nicht umsonst gesagt).

Sinn-und Bedeutungsgehalte des Sprichworts bei Vuk werden in seinen Ankündigungen der serbische Sprichwörter erläutert:
„Ne samo što se u narodnim poslovicama nalazi prevelika mudrost i nauka za ljudski život na ovome svetu, nego one pokazuju i narodni razum i karakter, a mloge udaraju i u narodne običaje."[24]
(Nicht nur, daß sich in den volkstümlichen Sprichwörtern eine übergroße Weisheit und die Lehre für das menschliche Leben auf dieser Welt befindet, sondern sie weisen auch den Volksverstand und den Charakter auf; viele aber dringen auch in die Volkssitten und Gebräuche ein.)

An einer anderen Stelle heißt es:
„U ovoj će knjizi čitatelji naći primjer našega čistoga narodnog jezika, narodnu filosofiju ili nauku i poznanje življenja na ovome svijetu, a iz mnogijeh poslovica i uza njih dodatijeh pripovijedaka poznaće i različne običaje naroda našega."[25]
(In diesem Buch wird der Leser das Beispiel unserer reinen Volkssprache, Volksphilosophie oder Lehre finden und Lebenserfahrung in dieser Welt und aus den vielen Sprichwörtern und aus den ihnen beigefügten Volksmärchen wird er auch verschiedene Sitten und Gebräuche unseres Volkes kennenlernen.)

Welche Bedeutung Vuk dem serbischen Sprichwort beimaß, läßt sich daran erkennen, daß es in vielen seiner Werke verstreut ist. Wenn man die Spuren des serbischen Sprichworts bei Vuk verfolgt, müssen folgende Werke genannt werden:
„Srpski rječnik" *(Serbischen Wörterbuch)*, 1. Auflage: Wien 1818, 2. Auflage: Wien 1852.
„Prvi Srpski Bukvar" *(Die erste serbische Fibel)*, Wien 1827, enthält 31 Sprichwörter.
Die erste Ausgabe serbischer Sprichwörter wurde unter dem Titel:
„Narodne srpske poslovice", Cetinje 1836, *(Volkstümliche serbische Sprichwörter)*
in Montenegro herausgegeben und enthält eine Widmung für den montenegrinischen Bischof Petar Petrović Njegoš:
„Visokopreosveštenome Gospodinu i Gospodaru
Petru Petroviću Njegošu II.,
Vladici Crnogorskome i Brdskom".[26]
(Euer Hochwürden Herrn und Herrscher
Petar Petrović Njegoš II.,
Bischof von Montenegro und den Bergen).
Das Vorwort zu der ersten Ausgabe serbischer Sprichwörter hat Vuk nicht in Cetinje, sondern in Wien verfaßt und am 10. Juli 1836 drucken lassen. Das Vorwort wurde erst später eingefügt. Die Sprichwörter sind alphabetisch geordnet. Nach Vuks Angaben zählt die Sammlung etwa 4000 Sprichwörter. Eine Numerierung hat Vuk nicht vorgenommen.
Die zweite Ausgabe serbischer Sprichwörter trägt einen geänderten Titel. Anstelle von „Narodne srpske poslovice" steht jetzt: „Srpske narodne poslovice" *(Serbischen Volkssprichwörter)*. Das Buch erschien am St. Georgstag 1849. Auch zu diesem Buch schrieb Vuk das Vorwort, das allerdings weniger ausführlich ist, als das der ersten Ausgabe.
Nach Vuks Tod folgten noch andere Ausgaben serbischer Sprichwörter: Im Jahre 1900 erschien in Belgrad „die erste Staatsauflage" serbischer Sprichwörter von Vuk. Der Herausgeber war Sima N. Tomić.[27] Tomićs Ausgabe zählt 7849 Sprichwörter. Sie enthält Sprichwörter aus dem Arbeitsexemplar Vuks und solche aus der 2. Ausgabe dessen Wörterbuchs. Hinzu kommen Beiträge

von Vuks Mitarbeitern, die in seinem Auftrag Materialien zusammentrugen.

Nach Tomićs Ausgabe erschien in Belgrad, 1933, „die zweite Staatsauflage"[28] serbischer Sprichwörter.

Die letzte bzw. dritte Ausgabe serbischer Sprichwörter wurde zum 100. Todestag Vuk Stefanović Karadžića (1864–1964) in Belgrad von Miroslav Pantić redigiert und mit einem erläuternden Nachwort versehen. Sie ist die erste kritische Ausgabe serbischer Sprichwörter, der die Wiener Ausgabe als Vorlage diente.

Außerhalb dieser Sammlungen ist noch eine Anzahl von Sprichwörtern aus Vuks Manuskripten uveröffentlicht geblieben. Insgesamt handelt es sich um 248 Sprichwörter,[30] die wegen ihres obszönen Inhalts nicht gedruckt wurden. Diese Sprichwörter trugen Vuk große Unannehmlichkeiten und Schwierigkeiten bei der serbischen Obergeistlichkeit ein. Jacob Grimm interessierte sich sehr für die obszönen Ausdrücke im Serbischen, wobei er stets die Parallelen im Deutschen suchte.

Einige dieser „schändlichen" (sramotnih) Sprichwörter, die bis jetzt noch nicht veröffentlicht wurden, haben folgenden Wortlaut:

Blago pički dok joj kita raste.
(Wohl der Vagina, solange ihr ein Penis wächst.)
Bolje je i kakva kita nego prazna pica.
(Irgend ein Penis ist besser, als eine leere Vagina.)
Danju jebanje i na vetru pušenje ne valja.
(Tagsüber koitieren und im Winde zu rauchen ist nicht gut.)
Dobar se kurac poznaje i u šalvarama.
(Einen guten Penis erkennt man auch in den Pluderhosen.)
Ko što ima onim i klima.
(Wer was hat wippt damit.)
Za nevolju se i ždrebe jebe.
(Zur Not koitiert man ein Fohlen.)
Ko ne jebe punice, čuvaće zecove na onom svetu.
(Wer seine Schwiegermütter nicht koitiert, muß im Jenseits Hasen hüten.)
Pička i ribe ne može omatoriti.
(Vagina und Fische können nie alt werden.)
Pišanje bez prdeža kao i svadba bez gadlji ne valja.
(Pinkeln ohne Furz ist wie eine Hochzeit ohne Dudelsack.)

Od nevešta i pička plače.
(Über einen Ungeschickten weint sogar die Vagina.)
Rđavu kurcu i dlake smetaju.
(Den schlappen Penis hindern selbst die Haare.)
Da su pizde, što zvezde, svi bi ljudi krivoglavi bili.
(Wären die Vaginen Sterne, wären alle Männer nackensteif.)
Da su kurci što su kukuruzi, sve bi žene kopačice bile.
(Wären die Penisse Maiskolben, würden alle Frauen das Feld bestellen.)
Svaki cvijet bolje raste, kad se često zaliva.
(Jede Blume wächst besser, wenn man sie häufig begießt.)

Jacob Grimm und die sammeltätigkeit Vuk Karadžićs

Es gibt verschiedene Belege, aus denen eindeutig hervorgeht, daß Jacob Grimm eine wesentliche Rolle gespielt hat bei Vuks Sammeltätigkeit der serbischen Sprichwörter. Max Vasmer schrieb in seinem Aufsatz „Bausteine zur Geschichte der deutschslavischen geistigen Beziehungen I".:

„Aus Briefen von Vuk Karadžić an Grimm erfahren wir aber auch, daß der Serbe zu seinen Studien über serbische Wortbildung durch Grimm angeregt wurde, ebenso wie zu seinen Sammlungen serbischer Märchen und Sprichwörter."[1]

Alois Schmaus kam zu der gleichen Auffassung:

„Frühzeitig war Jacob Grimm auf die Sammlung südslavischer Märchen und Sprichwörter bedacht, und seinem wie Kopitars Drängen ist es zu danken, daß Vuk Karadžić systematisch ans Werk ging und seinen berühmten Liedern – eine ebenso mustergültige Sammlung serbischer Sprichwörter und Märchen hinzufügte."[2]

Dasselbe Tätigkeitsfeld und dieselben sprachwissenschaftlichen Interessen, die Zugehörigkeit zu derselben Kulturbewegung – der Romantik – haben die Zusammenarbeit zwischen Vuk und Grimm zweifelsohne gefördert.

Die erste Anregung zu einer Zusammenarbeit ging von Jacob Grimm aus, der während seines Wiener Aufenthaltes (1814/1815) von Kopitar für die Arbeit Vuk Karadžićs gewonnen wurde. Das Schreiben Jacob Grimms aus Kassel, vom 2. April 1815, an Vuk ist nicht nur von grundlegender Bedeutung für Vuks Sammelarbeit serbischer Sprichwörter, sondern auch für das Sammeln von Volksliedern, Sagen, Schwänken, Sitten und Gebräuchen, Aberglauben u.ä., kurz, für das gesamte Schaffen Vuks auf dem Gebiet der serbischen Volkskunde. Dieses Schreiben lieferte Vuk wertvolle methodische und praktische Hinweise und stellte für seine Tätigkeit ein brauchbares Arbeitsprogramm dar. Grimm ersuchte ihn um seine Mitarbeit:

„Es hat sich eine Gesellschaft gestiftet, welche durch ganz Deutschland ausgebreitet werden soll, und zum Ziele nimmt, alles, was unter dem gemeinen deutschen Landvolke von Lied und Sage vorhanden ist, zu retten und zu sammeln."[3]

Was gesammelt werden sollte, war genau fixiert:

1) 'Volkslieder und Reime', die bei unterschiedlichem Jahresanlass, an Festen, in Spinnstuben, auf Tanzböden und während der verschiedenen Feldarbeit gesungen werden; zunächst solche, die epischen Inhalte sind, d.h. worin eine Begebenheit vorgeht; womöglich mit ihren Worten, Weisen und Tönen selbst.

2) Sagen in ungebundener Rede, ganz besonders sowohl die vielfachen 'Ammen – und Kindermärchen' von Riesen, Zwergen, Ungeheurn, verwünschten und erlösten Königskindern, Teufeln, Schätzen und Wünscheldingen, als auch 'Localsagen', die zur Erklärung gewisser Oertlichkeiten (wie Berge, Flüsse, Seen, Sümpfe, zertümmerte Schlösser, Thürme, Steine und alle Denkmäler der Vorzeit sind) erzählt und gewusst werden. Auf 'Thierfabeln', worin zumeist Fuchs und Wolf, Hahn, Hund, Katze, Frosch, Maus, Rabe, Sperling etc. auftreten, ist sonderlich zu achten.

3) Lustige Schalksknechtstreiche und Schwänke, Puppenspiele von altem Schrot, mit Hanswurst und Teufel.

4) Volksfeste, Sitten, Bräuche und Spiele; Feierlichkeiten bei Geburt, Hochzeiten und Begräbniss; alte Rechtsgewohnheiten, sonderbare Zinsen, Abgaben, Landeserwerb, Grenzberichtigung etc.

5) Aberglaube von Geistern, Gespenstern, Hexen, guter und böser Vorbedeutung; Erscheinungen und Träume.

6) Sprichwörter, auffallende Redensarten, Gleichnisse, Wortzusammensetzungen".[4]

Über die Technik des Sammelns fügt Grimm folgendes hinzu:

„Es ist vor allen daran gelegen, dass die Gegenstände getreu und wahr, ohne Schminke und Zuthat, aus dem Munde der Erzählenden, wo thunlich in und mit deren selbsteigenen Worten, auf das genaueste und umständlichsts aufgefasst werden, und was in den lebendigen örtlichen Mundarten zu erlangen wäre, würde darum vom doppelten Werthe seyn, wiewohl auf der anderen Seite selbst lückenhafte Bruchstücke nicht zu verschmähen sind. Denn es können alle Abweichungen, Wiederholungen und Recensionen einer und derselben Sage im Einzelnen wichtig werden..."5

Abweichungen, wiederholungen und Rezensionen einer und derselben Sage sind für Grimm ebenso wichtig. Das Material soll wortgetreu aufgezeichnet werden, alle Varianten haben für die Forschung einen Wert zwecks späteren Vergleichs. Auch die Landschaft, wo gesammelt wird, ist von Bedeutung:

„... dennoch vor grossen Städten die Landstädte, vor diesen die Dörfer, unter den Dörfern aber allermeist stille, umbefahrene, in Wald und Gebirg liegende damit begabt und gesegnet sind. Gleichfalls bei gewissen Ständen, als Hirten, Fischern, Bergmännern haftet sie stärker, und diese sind vorzugsweise, wie überhaupt alte Leute, Frauen und Kinder, welche sie frisch ins Gedächtniss empfangen haben, zu begfragen."6

Diese bis in die Einzelheiten durchdachte „Gebrauchsanweisung" zum Aufsuchen und Festhalten der volkskundlichen Zeugnisse schließt mit einem wichtigen technischen Hinweis:

„Schliesslich werden Sie ersucht, der ordentlichen Aufbewahrung des Eingehenden halben, jeden Gegenstand auf ein einzelnes Blatt zu bringen, auch darauf Ort und Landschaft und Zeit wo er gesammelt worden, und neben Ihren Namen nöthigenfalls den des Erzählers mit zu bemerken."7

Der Brief wurde an Vuk nach Srem in Serbien gesandt, wo er Material für sein Wörterbuch sammelte und Volkslieder und Märchen aufzeichnete. Vuk verwandte für seine Arbeit alte serbische Schriftdenkmäler, die früheren lexikographischen Versuche und das Wortmaterial, das ihm von seinen Freunden zugestellt wurde. Vor allem stützte sich Vuk auf sein eigenes Sprachgefhül und seine Sprachkenntnisse. Die mündliche Volksüberlieferung verhalf ihm zur Erläuterung einzelner nörter. Er verwandte ausgiebig Volkssprichwörter, Märchen, Volksanekdoten und Verse, um die Bedeutungsgehalte und semantischen Funktionen der Wörter zu durchleuchten.

Die Anregung von Jacob Grimm kam zur rechten Zeit und am rechten Ort. Vuk hat Srem damals und auch später außerordentlich geschätzt. Es war eine serbische Landschaft, wo ein reines Serbisch gesprochen wurde, und wo eine Fülle von Volksliedern, Märchen und Sprichwörtern erhalten geblieben waren.

Grimms Ansporn kam auch darum zur rechten Zeit, weil Vuk in Srem gerade dabei war, eine Verbindung zwischen der Volkssprache, der Volksliteratur und dem literarischen Erbe herzustellen, das auf der kirchenslavischen Sprache fußte.

Grimm verfolgte auch in späteren Jahren weiterhin mit Interesse Vuks Tätigkeit auf dem parömiologischen Gebiet. Davon zeugen Fragmente aus seinem nicht vollständig erhalten gebliebenen Briefwechsel mit Vuk. Grimm hat nie aufgehört, Vuk zum Sammeln von Sprichwörtern aufzumuntern.

Nachdem Vuk sein „Serbisches Wörterbuch" (1818) für den Druck vorbereitet hatte, unternahm er eine längere Reise nach Rußland. Danach lebte er eine Zeitlang in Serbien bei Fürst Miloš Obrenović. Dort sammelte er das Material für seine historischen Schriften und ging allmählich daran, seine frühere Idee zu verwirklichen, eine Sammlung serbischer volkstümlicher Sprichwörter herauszugeben.

Vuk wußte wohl, daß bereits Jovan Muškatirović serbische Sprichwörter gesammelt und auch veröffentlicht hatte. Er hielt es für seine Pflicht, Grimm davon zu unterrichten. In seinem Brief vom 6. November 1823 aus Leipzig schreibt er:

„Mir ist wirklich leid, dass ich Ihnen mit so vielen und doch unvollständigen und ohne Ordnung gestellten Notizen muss Ihre theuerste Zeit rauben. Gott soll Ihnen dafür vergelten! und die serbische Nachwelt wird Ihnen immer dankbar seyn. Sie müssen aus Allem diesen das Beste und Brauchbare aussuchen... – Ausser Volkslieder kann man auch die Sprichwörter (gesammelt von Johan Muschkatirowitsch, zweite Auflage Offen 1807.) erwöhnen, wiewohl einige darunter sind etwas slavonisirt; und giebt es darunter auch viele 'russische', 'deutsche', 'lateinische', 'ungrische' etc. Sprichwörter."[8]

Knapp zwei Jahre später gebrauchte Vuk in einem anderen Brief an Grimm, vom 3. Februar 1825 aus Wien, ein sehr beliebtes Sprichwort. Es ist aufschlußreich, daß Vuk das Sprichwort in der Ursprache zitiert. Daraus ergibt sich, daß Jacob Grimm schon damals über solide serbische Sprachkenntnisse verfügte, die es ihm ermöglichten, serbische Texte zu lesen und zu verstehen.

Vuk schrieb:

„Serbisch sagt man: 'Koga su guje klale, i guštera se boji'."
(Wen die Schlangen geschlachtet haben, der fürchtet auch eine Eidechse.)

Das Sammeln serbischer Sprichwörter ging langsam voran. Vuk befaßte sich damit mehr am Rande und mußte auf die Gelegenheiten warten, bis jemand ein brauchbares Sprichwort im Gespräch erwähnte.

Von 1829 bis 1831, knapp zwei Jahre, hielt sich Vuk in Serbien auf. Nie vergaß er, Grimm von seiner Tätigkeit zu berichten. In seinem Brief vom 24. November 1831 aus Semlin schreibt er:

„Mein größter und einziger Gewinst während dieser Aufenthalt in Serbien sind etwa 100, meistens schöne, Heldenlieder, gegen 200 Sprichwörter und über 500 einfache Wörter, die in meinem Wörterbuche fehlen..."[10]

Die erste Ausgabe „Serbische Sprichwörter" erschien am 10. Juli 1836. Zwei Exemplare schickte Vuk am 24. August 1836 mit einem Beglitschreiben an Jacob Grimm:

„Schon lange habe ich Sie mit meinem Deutschen nicht belästigt. Daß ich mich immer mit dem Gefühle der größten Dankbarkeit Ihrer erinnere, das, glaube ich, ist nicht nötig Ihnen zu sagen. Hier habe ich das Vergnügen Ihnen zwey Exemplare meiner serbischen Sprüchwörter (eine für Sie, das andere für die Universitätsbibliothek) zu schicken. In Ihrem Exemplare habe ich eine Menge Druckfehler, die ich bis jetzt bemerkt habe, corrigirt; ich hoffe, das wird Ihnen nicht unangenehm seyn. Für mich wird die größte Belohnung seyn, wenn Ihnen das Buch gefalle..."[11]

Später bedauerte Vuk, obszöne Sprichwörter in seinen Werken ausgelassen zu haben. Wegen Wortmaterials mit obszönen Inhalt hatte er bei der Herausgabe seiner Werke bereits mehmals von Seiten der orthodoxen Obergeistlichkeit Schwierigkeiten gehabt. Deshalb unterdrückte er diese Sprichwörter mehr und mehr. Im gleichen Schreiben vom 24. August 1836 fährt Vuk fort:

„... beim Schreiben vieler Sprüchwörter und ihrer Erklärungen habe ich an Sie gedacht. Sie werden darin auch vieles finden, was im wahren Sinne keine Sprüchwörter sind; da man aber über die serbische Sprache und Nation zu wenig was Gedrucktes hat, so hoffe ich, Sie werden mich entschuldigen. Einige Hunderte der schönsten Sprüchwörter habe ich wegen obscoenen Ausdrücken auslaßen müßen; um einige derselben ist mir wirklich besonders leid, wie z. B. 'pristao kao lisica za Ovnujskim mudima' (als Erklährung davon erzählt man: der Fuchs hat gesehen, daß dem Widder die Hoden hängen, und er hat geglaubt, das sey ein Stück Fleisch, das bald wegfallen wird, und mit dieser täuschenden Hoffnunf ist er lange Zeit dem Widder nachgegangen. – Dieses Sprichwort ist auch in meinem serbischen Wörterbuch bei 'ovnujski'); aber jetzt habe ich nicht anderst thun können (wahrscheinlich werden Sie sich der Geschichte dieses Buches – daß sein Druck vor drey Jahren hier angefangen und der dritte Bogen schon in Arbeit war – erinnern.)"[12]

Vuk gab zu, sich mit der Grimmschen „Deutschen Mythologie" noch nicht eingehend befaßt zu haben. Deshalb könne er über die serbischen Sachen kaum etwas vermerken. Trotzdem meinte Vuk, daß Grimm auch etwas aus den serbischen Sprichwörtern als Wortmaterial für seine „Deutsche Mythologie" verwenden könne. In seinem Brief vom 24. August 1836 schreibt er weiter:

„Auch unter diesen Sprüchwörtern werden Sie vielleicht etwas finden, was Sie dazu werden (zur zweiten Auflage) brauchen können, wie z.B. 'vjedogonja'. "[13]

Im Nachsatz dieses Briefes sagt Vuk:

„Auch 'dobra sreća' (gutes Glück) werden Sie unter den Sprüchwörtern finden."[14]

Um Grimm die Bedeutungsinhalte und Gebrauchsfunktionen dieser serbischen sprichwörtlichen Redensart zu verdeutlichen, pflegte Vuk seine Erklärung immer mit treffenden Beispielen aus der Ursprache zu belegen. 'dobra ti sreća' (ich wünsche dir ein gutes Glück). So antwortet man in Montenegro, wenn jemand Gott nennt und sagt: 'pomoz Bog' (Grüß Gott! / eigentlich Hilf Gott!). Vuk erläutert Grimm das Gegenstück von 'dobra sreća' und sagt: „Mehr darüber kann ich Ihnen derweil nichts sagen, als daß man in Montenegro auch 'zla sreća' sagt (böses Glück); z.B. wenn jemanden ein Unglück geschieht, sagt man: 'to je njegova zla sreća' (das ist sein böses Glück). In Klammern setzt Vuk 'učinila' oder 'kriva', um den Sinn zu erläutern: 'das hat sein böses Glück angerichtet' oder 'daran ist sein böses Glück schuld'.

Die beiden Belegexemplare serbischer Sprichwörter bereiteten Grimm große Freude. Mit seinem Brief vom 1. März 1837 bedankte er sich für die 'treffliche' Sprichwortsammlung.[15] Grimm hat in diesem Brief Vuk die Anerkennung der kommenden Generation vorausgesagt:

„Ihren fruchtbaren fleiss und Ihr grosses verdinst um Ihr vaterland erkenne und fühle ich lebhafter als einer; den wahren lohn dafür tragen Sie in der seele, und das vorgefühl haben sie, dass die nachkommen den werth Ihrer arbeiten gerechter schätzen werden".

Grimm nimmt diese Gelegenheit wahr, Vuk anzuspornen, auch weitere Werke herauszubringen, insbesondere eine zweite Auflage des „Serbischen Wörterbuchs". Der zweite Teil dieses Briefes liefert einen Beleg dafür, daß Grimm sich mit dieser Sprichwörtersammlung befaßt hat. Er legte dabei den Schwerpunkt auf das von Vuk verfaßte Vorwort, das wertvolles theoretisches und lexikographisches Material über die serbischen Sprichwörter enthält:

„...auch die stellen in der einleitung zu den sprichwörtern, die sich darauf beziehen, waren mir sehr willkommen, und ich weiss alles das gut zu brauchen."

Aus dem Briefnachlaß Vuks ist ersichtlich, daß Grimm die zweite (Wiener) Ausgabe serbischer Sprichwörter (von 1849) ohne Begleitschreiben erhielt. Darüber gibt Vuks Brief vom 8. Februar 1850 aus Wien Aufschluß:

„Vor einigen Wochen habe ich mir abermals erlaubt Ihnen durch den Schwiegersohn des Fürsten Milosch, Herrn Nikolitsch aus Rudna ein Ex. Sprichwörter dito ein Ex. 'Kovčežić' zu gleicher Verfügung zu schicken..."[16]

Grimm hatte aber zuvor die neue Ausgabe serbischer Sprichwörter erhalten und zwar aus der Hand des Fürsten Mihajlo Obrenović (1823–1868), dem Sohn des Fürsten Miloš. Der Fürst befand sich in Verbannung außerhalb Serbiens, und bei dieser Gelgenheit suchte er Jacob Grimm auf. Das bestätigt Grimm in seinem Brief aus Berlin vom 12. November 1849.

Auch diesmal kennzeichnet Grimm, wie in seinem Brief vom 1. März 1837, die serbischen Sprichwörter mit dem Attribut 'trefflich'.

Diese zweite Auflage serbischer Sprichwörter hat bei Grimm und in deutschen Gelehrtenkreisen zu Vuks Ansehen wesentlich beigetragen.

Am 4. März 1850 hat Jacob Grimm seinen Freund Vuk Stefanović Karadžić der Hohen Königlichen Akademie der Wissenschaften in Berlin als korrespondierendes Mitglied vorgeschlagen. Den Antrag hat Jacob Grimm eigenhändig geschrieben und darin unter anderem folgendes bekundet:

„Wenig Gelehrte haben sich um die Literatur ihres Vaterlandes so verdient gemacht wie Herr Wuk Stephanowitsch Karadschitsch (gegenwärtig zu Wien wohnhaft) um die serbische. Mit seinen Kräften allein hater vollbracht, was sonst nur vereinten Anstrengungen zu gelingen pflegt."[18]

Unter Vuks Hauptwerken führte Grimm auch „eine Sammlung serbischer Sprichwörter" an. Als Vuk in die Akademie der Wissenschaften aufgenommen worden war, übersandte er am 18. Juli 1851 von Wien aus seine letzten Arbeiten an die Akademie:

„Drei Bände serbischen Volkslieder der neuesten Ausgabe, die Übersetzung des neuen Testaments in serbischer Sprache, Serbische Sprichwörter, Kästlein für Geschichts, Sprache, Sitten und Gebräuche der Serben aller drei Religionen."[19]

Vuk bedankte sich im gleichen Brief für die ihm erwiesene Ehre:

„Mit freundenvoller Rührung und wahrer Überraschung habe ich die für mich so schmeichelhafte wie ehrenvolle Ernennung zu Ihren correspondirenden Mitgliede erhalten; schmeichelhaft für mich, weil ich dadurch in die Reihe von Gelehrten gestellt worden bin, welche die Intelligenz man kann sagen der ganzen gebildeten Welt repräsentiren, und ehrenvoll, weil ich dadurch ein Mitglied jenes berühmten Instituts geworden, das mit dem Namen des unsterblichen Leibnitz innig verwebt ist."

Serbische sprichwörter in Deutscher Übertagung und Jacob Grimm

Die erste Veröffentlichung serbischer Volkssprichwörter von Vuk Karadžić in deutscher Sprache ist eng mit Jacob Grimm verbunden. Jacob Grimm war zu seiner Zeit der erste und einzige Deutsche, der die serbischen Sprichwörter in der Ursprache (1836/1. Auflage und 1849/2. Auflage) gelesen hatte. Die zweite Wiener Ausgabe serbischer Sprichwörter veröffentlichte Vuk 1849. Vier Jahre später (1853) erschienen, ebenfalls in Wien, Vuks serbische Volksmärchen. Diesen Werken maß Jacob Grimm große Bedeutung bei. Miljan Mojašević[1] hat richtig bemerkt, daß Vuks erste Begegnung mit den Gebrüdern Grimm, Ende September 1823 in Kassel, von ausschlaggebender Wichtigkeit für sein weiteres Wirken und Schaffen gewesen sei. Damals hat Jacob Grimm Vuk Karadžić den „ersten Antrieb" gegeben, sich intensiv mit der serbischen Volkskunde zu befassen, was Vuk in seinem Brief aus Wien vom 9. März 1853 bekundet:

„Sie haben mit dem seligen Kopitar am meisten dazu beigetragen, daß die serbischen Volkslieder zum Ruhme des serbischen Volkes so verbreitet sind in ganz Europa und in der übrigen gelehrten Welt. Außerdem haben Sie mich bereits seit dem J. 1823, wo ich das Glück hatte, Sie in Cassel zu sehen und kennen zu lernen, fortwährend beredet und mich angegangen, daß ich auch einiges von serbischen Volkssagen drucken lassen soll..."[2]

Dieses Zusammentreffen in Kassel legte den Grundstein zu ihrer Zusammenarbeit auf philologischem und volkskundlichem Gebiet. Es ist durchaus möglich, daß bei dieser Unterredung auch die Idee aufgekommen ist, serbische Volksweischeiten in deutscher Sprache zu veröffentlichen, zumal Vuks Tochter Minna sich schon sehr früh mit Übersetzungen vom Serbischen ins Deutsche befaßt hatte. Grimm hatte von ihrer Tätigkeit auf diesem Gebiet eine sehr hohe Meinung.[3]

Minna war eine ausgezeichnete Kennerin der serbischen und der deutschen Sprache und hat sich durch ihre Übersetzung serbischer Volkslieder, Volksmärchen und Sprichwörter große Verdienste um deren Verbreitung und Popularisierung in den deutschsprachigen Ländern erworben. Minnas Übersetzung serbischer Volkssprichwörter vermittelte dem deutschen Publikum eine erste Bekanntschaft mit volkstümlicher serbischer Spruchweisheit. Es ist nicht genau zu belegen, wann Minna anfing, serbische Sprichwörter ins Deutsche zu übertragen. Jedenfalls geschah es nach ihren Übersetzungen von Volksliedern und Märchen. Bei der Betrachtung und Untersuchung der ins Deutsche übertragenen serbischen Sprichwörter darf man die serbischen Märchen nicht außer acht lassen, und zwar aus zwei Gründen: einmal, weil eine beträchtliche Zahl serbischer Sprichwörter den Märchen entstammt, zum andern, weil den Märchen das Hauptinteresse Jacob Grimm galt. Viele Jahre hindurch drängte Jacob Grimm darauf, Vuk möge auch eine umfangreiche Sammlung von Volksmärchen herausgeben. Vuk ist sich dessen bewußt, wenn er in seinem Brief vom 28. Juni 1815 aus Karlovci an Kopitar schreibt:

„Ich bedanke mich für die Aufforderung Grimms; das kann von großer Bedeutung und Nützlichkeit sein: Jetzt weiß ich ganz genau, was für Volksmärchen Sie haben möchten und ich kann Ihnen versichern, daß wir Serben viele solcher haben..."[4]

In einem anderen Brief an Kopitar, aus Zemun (Semlin) vom 26. Juni 1826, schreibt Vuk:

„Wenn Sie an Grimm schreiben, bitte grüßen Sie ihn von mir. Ich habe es nicht vergessen, was er mir über Märchen gesagt und geschrieben hat. Aber ich habe derer noch nicht genug gesammelt..."[5]

Nach wiederholten Verzögerungen erschien schließlich im Jahre 1853 in Wien die „Dem ruhmvollen Deutschen Jacob Grimm" („Slavnom Nijemcu Jakovu Grimu") gewidmete Sammlung „Srpske Narodne Pripovijetke" („Serbische Volksmärchen"). Im Jahre 1854 folgte eine deutsche Übersetzung, die Vuks Tochter Minna besorgte, mit dem Titel „Volksmärchen der Serben", der Jacob Grimm eine Einleitung voranstellte. Jacob Grimm schrieb dieses Vorwort 1853 in Berlin. Nicht nur die serbischen Volksmärchen, sondern auch die serbische Sprichwörter waren ihm längst bekannt und wohl vertraut. In einem Brief aus Berlin, vom 12. November 1849, schrieb er an Vuk:

„Fürst Michael hat mich diesen sommer auf seiner durchreise besucht und nicht nur Ihre treffliche neue ausgabe der Sprichwörter überbracht..."[6]

Dieser Beleg ist äußerst wichtig, weil er darüber Aufschluß gibt, daß Grimm die serbischen Sprichwörter in der Ursprache kannte und sich eingehend mit ihnen befaßte. Auch die erste Sammlung serbischer Sprichwörter, die Vuk ihm einige Jahre zuvor, am 24. August 1836, zukommen ließ, war ihm vertraut. Minnas Übersetzung serbischer Volksmärchen und Sprichwörter wurde unter dem Titel veröffentlicht:

„VOLKSMÄRCHEN DER SERBEN"

Gesammelt und herausgegeben von
Wuk Stephanowitsch Karadschitsch.
Ins Deutsche übersetzt von dessen Tochter *Wilhelmine.*
Mit einer Vorrede von *Jacob Grimm.*

Nebst einem Anhange von mehr als tausend serbischen Sprichwörtern.
Druck und Verlag von Georg Reimer. Berlin 1854
Seite XII + 345 (Sprichwörter auf S. 271–345).

Diese Ausgabe wurde

„Ihrer Durchlaucht der Frau Julie Fürstin Obrenowitsch geborenen Gräfin Hunyady von Kethely in tiefster Achtung gewidmet von der Übersetzerin".

Das Buch gliedert sich in drei Teile:

1) Vorrede von Jacob Grimm,
2) Volksmärchen der Serben,
3) Sprichwörter.

Schon allein die Struktur dieses Buches zeigt, wie Vuk und seine Tochter die Ausarbeitung gehandhabt haben. Daß die serbischen Sprichwörter erst nachträglich angehängt worden sind, ergibt sich aus folgenden Fakten:

a) Auf der Titelseite ist vermerkt, daß den Volksmärchen auch Sprichwörter hinzugefügt worden sind.

b) Grimm hat mit seiner Vorrede den Schwepunkt auf die Behandlung der Volksmärchen gelegt.

c) Aus der Vorrede ist ersichtlich, daß Grimm am Anfang und zum Schluß – offensichtlich nachträglich – einige Worte den Sprichwörtern zugedacht hat.

Dies steht im Einklang mit einem Brief von Vuk an Grimm vom 9. Mai 1854 aus Wien, in dem er folgendes sagt:

„Zu der Märchen (übersetzung) sind aber noch über 1000 auserlesns Sprichwörter gleichfalls von m(einer) Minna übersetzt gekommen; ich sandte selbe damals nicht mit, weil sie nicht rein kopiert waren. Ich bin überzeugt, daß Sie an die(sen) Sprichwörtern, wie an Allem, was auf die serb. Litteratur Bezug hat, g(üti)ges Interesse nehmen und vielleicht hätten Sie auch über diese einige Worte in der Vorrede zu sagen gewünscht. Ich habe deshalb auch d(em) Reimer geschrieben, er möge Ihnen gütigst Einsicht in das Ma(nuscript) gewähren".[7]

Im ersten Abschnitt seiner Vorrede bekennt sich Grimm zu seinem „berühmten Freund" Vuk, dem er den „ersten Antrieb" für seine Sammeltätigkeit bereits vor 30 Jahren gegeben habe, als Vuk ihn 1823 in Kassel aufsuchte:

„Keine kleine freude macht es mir, das neueste werk meines berühmten freundes, zu welchem ich selbst ihm schon vor dreiszig jahren den ersten antrieb gegeben hatte, mit einer vorrede zu begleiten. lange von gröszeren arbeiten deren jede an sich bewunderung erregt, hingehalten, konnte er sich nur spät auf eine zwar leichtere, seinen kräften dennoch allein mögliche einlassen, für die ihm die nachwelt nicht minder dankbar sein wird, als für alles andere, was er sonst geleistet hat. wie er mit der ihm beschiedenen ausgezeichneten gabe die regel und den wortreichtum der serbischen sprache neu aufzustellen, auch in einer gelungenen übertragung des neuen testaments anzuwenden vermochte, sind von ihm, jedermann weisz es, die früher ungeahnten quellen einer entzückenden poesie entdeckt, eröfnet, und alle schätze der sprichwörter und gebäuche dieses noch unverbildeten volks treu und lichtvoll gesammelt worden. es heiszt aber ganz Europa, welches diese verdienste laut anerkennt, beleidigen, dasz sein eignes vaterland einem solchen manne volle, gebührende gerechtigkeit fast zu versagen scheint, von dem man bahaupten darf, daß er niemals etwas unrechtes, unnützes oder unfruchtbares that, und der, wenn alle irrthümer und blendwerke geschwunden sind, im gedächtnis kommender zeiten hervorragen wird".[8]

Ferner sagt Grimm in seinem Vorwort, daß Vuk ihn von dem „Dasein serbischer Märchen" unterrichtet hatte, die „in unserer Literatur einen damals noch unglaublichen Aufschwung genommen" haben. Er wies auf die wachsende Zahl von Sammlungen hin, die die vergleichende Forschung erleichterte. Nicht nur in Deutschland, sondern auch in Norwegen, Schweden, der Walachei, in Albanien, Litauen und Finnland wurde der Irrtum ausgeräumt, daß diese epischen Stoffe auf „läppischen Erdichtungen" beruhten und der Betrachtung unwürdig seien. Diese Märchen enthielten Trümmer von Mythen, die über die Verwandtschaft zwischen den zahlreichen, Europa und Asien gemeinsamen Erzählstoffen Aufschluß geben könnten. Sie sind ein „Gepräge wunderbarer Berührungen". Grimm äußert ferner, daß diese Gemeinschaft nicht auf willkürlicher Entlehnung und Übernahme von Stoffen und Motiven beruhe, sondern daß es sich vielmehr um offensichtlich uralte Beziehungen und Nachklänge handle, wie sie in den Sprachen oder in der Poesie auftreten. Er stellt fest: „in diesem halbhundert serbischer Erzählungen macht sich eine Verschiedenheit der Anlage und des Tons bemerkbar, je nachdem sie, gleich den Liedern, von Männern oder von Frauen ausgehen". Bei den einen herrscht „eine auf Heldenstreiche gerichtete, fester gewirkte und ausführlichere, nicht selten prahlerische, ironische Haltung" vor, bei den anderen ist „eine sanftere, losere, auf Liebesabenteuer gewandte Darstellung" zu verzeichnen. Weiter bemerkt Grimm, daß der einzigartige Wert serbischer Volkslieder und Märchen durch den euphonischen Charakter der serbischen Sprache erhöht wird. Er sagt:

„Überall aber, in beiden, fliesst die sprache in einfacher, natürlicher weise, die nicht, wie in deutschen und nordischen märchen, da wo die handlung sich drängt, durch eingestreute reime unterbrochen wird, weil ja die serbische poesie insgemein nicht zum reim neigt..."[9]

Grimm untersucht Stilmittel in den Volksmärchen, die oft auch in den Sprichwörtern vorkommen, wobei er Beispiele aus der Ursprache anführt und auf die Spracheinheiten bei der Übersetzung eingeht:

„Wol aber mangelt es auch hier keineswegs an kraftvollen wiederkehren und alliterationen, die in der verdeutschung begreiflich zu grunde gehn, z.b. das nije on doschao da te vidi, nego da te vodi, seite 39 des originals, kam nicht dich zu sehen sondern zu holen, oder in no. 8 das kurze drschi ne daj, fasz, lasz nicht!"[10]

Die meisten „Triebfedern" – stellt Grimm fest – die uns im Deutschen begegnen, erscheinen auch in den serbischen Märchen, so z.B. „Die drei Brüder", unter welchen der Jüngste der beste und der glücklichste ist usw. Grimm betrachtete die serbischen Volksmärchen auch als ausgezeichneter Kenner der Mythologie. Er entdeckte in ihnen einige mythologische Motive und Elemente. So erinnert, nach Grimms Meinung, das Märchen „Warum ist des Menschen Fußsohle nicht eben?" an das Märchen von dem Teufel, der die Sonne stiehlt, und dem Engel, der sie ihm wieder ebgewinnt. Grimm äußert sich sehr lobend über Minnas Übersetzung. Dazu sagt er folgendes:

„Die willkommne verdeutschung, gefertigt von dem beider sprachen kundigen fräulein Wilhelmine Karadschitsch verdient lob..."[11]

Es ist bereits erwähnt worden, daß Grimm in seiner Vorrede den Sprichwörtern nicht so große Beachtung schenkte wie den Volksmärchen. Er tat das, weil er die Übersetzung von Sprichwörtern erst erhielt, als seine Vorrede bereits abgeschlossen war. Grimm äußerte sich nur kurz und prägnant über die Bedeutungs – und Wesensinhalte in den serbischen Sprichwörtern. Dabei schälen sich zwei eigentümliche und kennzeichnende Züge der serbischen Sprichwörter heraus: „die Lebensweisheit" und „die sinnreiche Anschauung des serbischen Volkes". Zum Schluß spricht er in einem einzigen Satz „den serbischen Sprichwörtern und dem serbischen Volk" sein höchstes Lob aus:

„Die angehängten sprichwörter zeigen, welch ein schatz von lebensweisheit und sinnreichen anschauungen diesem volke beiwohnt".[12]

Wilhelmine Karadžić als Übersetzerin Serbischer Volkssprichwörter

Die Übersetzung serbischer Sprichwörter ins Deutsche und ihre Veröffentlichung muß im Zusammenhang mit den serbischen Volksmärchen gesehen werden. Nach der ersten Herausgabe serbischer Volksmärchen (1821), vergingen mehr als 30 Jahre, bis zum Erscheinen der deutschen Übersetzung. Die Verzögerung war durch den schlechten Gesundheitszustand Vuks bedingt und durch den unerwarteten Verlauf politischer Ereignisse. Das Buch „Volksmärchen der Serben" war bereits 1848 druckfertig, doch wegen des Ungarischen Aufstandes im Jahre 1848[1] konnte es nicht veröffentlicht werden. Eine weitere Schwierigkeit für die deutsche Veröffentlichung serbischer Märchen und Sprichwörter ergab sich, als die Frage der Übersetzung auftauchte; denn Therese Albertine Luise von Jacob, bekannt unter dem Kurznamen Talvj,[2] hatte es abgelehnt, serbische Märchen ins Deutsche zu übertragen. Die Wahl fiel nun auf Vuks Tochter Minna. Minna (Wilhelmine Karadžić, 1828–1894), deren Mutter Wienerin war, lernte mit großem Erfolg Fremdsprachen, Musik und Malerei. Sie galt als gebildet und sehr talentiert. Als sie sich an die Übersetzung serbischer Volksmärchen und Sprichwörter heranwagte, war sie keine Anfängerin mehr. Mit 17 Jahren übersetzte sie serbische Volkslieder, die Jacob Grimm bereits 1845 in Händen hatte. Beim Übersetzen serbischer Volksmärchen und Sprichwörter ins Deutsche befolgte sie Jacob Grimms Anweisung, sich möglichst genau an das Original zu halten. Grimm lobte ihre Übersetzung in seiner Vorrede:

„... dasz sie sich getreu an den urtext schliesst, auf dessen unkosten sie sonst hätte gekürzt und geschmeidigt werden können; es ist so besser, und das zu Wien erschienene serbische original wird desto stärker anziehen".[3]

So ist ihre Übersetzungstätigkeit eng mit der Person Jacob Grimms verbunden. Grimm legte großen Wert darauf, daß die serbischen Märchen auch in deutscher Übersetzung erscheinen. Am 30. Oktober 1831 schrieb er aus Göttingen an Vuk:

„Vor acht tagen schrieb ich nolens volens eine kurze vorrede zu Kindermärchen, die ein Dr. Dietrich zu Pirna aus dem russischen übersetzt hat; ich wollte lieber es wäre die verdeutschung einer serbischen sammlung gewesen, die Sie herausgegeben hätten..."[4]

In seinem Schreiben an Jacob Grimm vom 3. Oktober 1852 berichtete Vuk von der Übersetzung der Volksmärchen:

„Meine Minna hat schon mehr als die Hälfte übersetzt und bis Anfang November hoffe ich, Ihnen unserer Verabredung gemäß die Übersetzung senden zu können."[5]

Diesen Termin konnte Vuk jedoch nicht einhalten, weil seine Tochter Minna erkrankt war. Anfang Juni 1853 erhielt Jacob Grimm das handschriftlichte Manuskript von Minnas Übersetzung, das er am 10. Juli 1853 von Berlin aus mit folgenden Worten bestätigte:

„Erst heute, mein theuerer freund, komme ich dazu Ihnen für die trefflichen serb. märchen zu danken, womit Sie einen meiner liebsten wünsche erfüllt haben. herzlich gerührt hat mich Ihre zueignung..."[6]

Die serbischen Volksmärchen erschienen 1854 in Berlin im Georg Reimer Verlag unter dem Titel:

„VOLKSMÄRCHEN DER SERBEN"

gesammelt und herausgegeben von
Wuk Stephanowitsch Karadschitsch
mit einer Vorrede von *Jacob Grimm.*

Auf der Tielseite stand noch ein Hinweis:

„Nebst einem Anhange von mehr als tausend serbischen Sprichwörtern.

Die deutsche Übersetzung besorgte Vuks Tochter Minna".

Dieses Buch enthält 1203 ins Deutsche übertragene serbische Sprichwörter. Als Vorlage zu ihrer Übersetzung benutzte Minna die zweite Wiener Auflage (1849) ihres Vaters, die in der Ursprache gedruckt war und insgesamt 6379 Sprichwörter enthielt.

Es drängt sich hier die Frage auf, nach welchem Gesichtspunkt Minna bei der Übersetzung ihre Auswahl getroffen und die Sprichwörter geordnet hat. Bei der Auswahl für die deutsche Ausgabe hielten sich Vater und Tochter an folgende Grundsätze:

1) Sie suchten die Sprichwörter aus, die nicht nur die klangvollsten und treffendsten waren, sondern auch für deutsche Leser am verständlichsten. Sprichwörter, die für den deutschen Leser auf unklare Zusammenhänge anspielten oder solche, die zu viele historische, lokale und folkloristische Elemente aufwiesen, wurden nicht berücksichtigt.

2) Die Sprichwörter anstößigen Inhalts wurden nicht aufgenommen. Schon ein Vergleich der ersten und zweiten serbischen Ausgabe und der deutschen Auswahl zeigt die Tendenz, auf obszöne Sprichwörter immer mehr zu verzichten.

3) Vuk bereicherte seine zweite Sprichwörter-Sammlung (1849) durch zahlreiche Erläuterungen, die zum Teil anekdotischen Charakter haben, um gewisse Ausdrücke in ihrem Sinn verständlicher zu machen. In der deutschen Ausgabe dagegen sind die erläuternden Hinweise kürzer und seltener. Anekdotisches fehlt fast gänzlich.

4) Der deutschen Ausgabe von Minna liegt kein bestimmtes System zugrunde, nach dem die Reihenfolge der Sprichwörter gegliedert wäre. Die Sprichwörter sind auch nicht alphabetisch zusammengestellt, wie es Vuk z.B. in seiner 1. und 2. Ausgabe tat. Vuk und Minna gaben ihrer deutschen Sammlung eine gewisse, wenn auch nicht immer präzise thematische Anordnung. Am Anfang steht eine Reihe von Sprichwörtern, die „Gott" zum Inhalt haben. Weitere Themen sind „Teufel", „Gutes", „Schlechtes" usw.

Die Übersetzung serbischer Volkstümlicher Sprichwörter ist von der Forschung bisher nicht untersucht und ausgewertet worden. Minna selbst hat ihre Leitsätze bei der Übersetzung serbischer Volksmärchen und Sprichwörter in ihrem Brief an Jacob grimm vom 5. Juni 1853 dargelegt, worin sie ihn bat, ihre Übersetzung durchzusehen. Dort schreibt sie, daß sie es als ihre Pflicht betrachte, die serbischen Volksmärchen und Sprichwörter dem Geis und dem Sinn der deutschen Sprache so weit wie möglich anzunähern, ohne das serbische Original zu verfälschen:

„Indem der Vater sich die Freiheit nimmt, Euer Hochwohlgeboren meine Übersetzung der serbischen Volksmärchen zu übersenden, so erlaube ich mir gleichzeitig dem, was er hierüber erwähnt, noch beizufügen, daß ich es mir vor allem zur Aufgabe gemacht habe, wörtlich zu sein und die nationale schlichte Erzählungsweise mit möglicher Treue und Vermeidung jeder fremden Ausschmückung ins Deutsche zu übertragen. Ich habe diesen Vorsatz auch fest gehalten und glaube mir, was die Gewissenhaftigkeit des Übersetzens betrifft, keinen Vorwurf machen zu dürfen, es wird vielmehr in mir die Befürchtung rege, darin vielleicht zu weit gegangen zu sein, indem ich mir so vieler Mängel in Bezug auf Styl und Geschmeidigkeit des Ausdruckes bewußt bin, die, im grellen Gegensatze zur lieblichen Märchensprache der Deutschen, die meinem Gedächtnisse sich unauslöschbar eingeprägt hat, mir um so peinlicher sind, als meine ungeübte Feder sie nicht zu beseitigen vermag ohne sich von dem Originale zu entfernen".[7]

Wie schon erwähnt, befolgte Minna bei ihren Übersetzungen Grimms Ratschläge. Sie war stets bestrebt, Gehalt und Sinn der serbischen Sprichwörter zu wahren. Dennoch kam es zu gewissen stilistischen Abweichungen vom Original, was verständlich ist, zumal sich der Rhytmus des serbischen Satzes mit dem des deutschen nicht deckt. Abweichungen traten auch deswegen auf, weil Minna sich bemühte, genau und ohne Kommentar zu übersetzen, so daß sie in manchen Fällen an Stelle eines Wortes eine Paraphrase setzte.

Abweichungen, die zu Ungenauigkeiten führen, sind nicht nachzuwiesen. Die Unterschiede zwischen dem serbischen Original Vuks und Minnas Übersetzung lassen sich wie folgt zusammenfassen:

1) Einzelwörter sind nicht immer wörtlich übersetzt, auch wenn das möglich war. So hat Minna z.B. das Sprichwort:

„Bog pomaže ležaku kao i težaku", (277)[8]

das einen Binnenreim aufweist, folgendermaßen übersetzt:

„Gott hilft dem Müßiggänger wie dem Arbeiter", wobei das Wort „težak" genauer mit „Ackerbauer" zu übersetzen wäre.

2) Einzelne Sprichwörter sind mit unnötigen Zusätzen versehen, was zwangsläufig eine Abweichung vom Original bedingt. So ist z.B. das Sprichwort:

„Koga Bog čuva onoga puška ne bije" (2243)
übersetzt mit:
„Wen Gott hütet, dem kann die Flinte nicht schaden."
Die wörtliche Übertragung lautet aber:
„Wen Gott hütet, den trifft keine Flinte."
Das Sprichwort:
„Svoja kućica, svoja slobodičica" (4880)
wurde übersetzt mit:
„Sein Häuschen, seine Freiheit".
Besser und für den Leser deutlicher wäre zu übertragen:
„Eigenes Häuschen, eigene Freiheit".
Das serbische Wort „slobodičica" ist nicht nachzuvollziehen, weil es im Deutschen von „Freiheit" kein Diminutiv und auch kein verstärktes Diminutiv gibt.
(sloboda = Freiheit
slobodica = Freiheitchen
slobodičica = kleines Freiheitchen).

3) In gewissen Fällen gelang es Minna nicht, das schwierige Problem imperfektiver und perfektiver Verben zu meistern, was zu folgender Sinnverschiebung führte:
„Kad su se tvoji đavoli rađali, moji su u kolu igrali." (1988)
„Als deine Teufel geboren wurden, tanzten meine schon im Kolo."
Im Deutschen müßte es heißen:
„Als deine Teufel im Kommen waren, tanzten meine schon im Kolo."
Im Serbischen gibt es für „gebären" zwei Verben: „rađati se" als imperfektives Verb (wenn der Vorgang noch nicht vollendet ist) und „roditi se" als perfektives Verb.

4) In anderen Fällen versuchte die Übersetzerin die Ausdruckskraft einzelner Wörter abzuschwächen, so z.B. in dem Sprichwort:
„Hrani konja kao brata, a jaši ga kao dušmanina." (6040)
„Nähre das Pferd wie einen Bruder
aber reite es wie einen Feind."
Das Wort „dušmanin" heißt „Erzfeind/Todfeind".

5) Für die Provinzialismen in der Ursprache bemühte sich Minna nicht um adäquate deutsche Parallelen, sondern übersetzte

sie mit Ausdrücken aus der Schriftsprache. Zum Beispiel ist das Sprichwort montenegrinischer Mundart:
„Blago tome kome Bog pomaga", (232)
so übersetzt:
„Wohl dem, welchem Gott hilft".

6) Die Turzismen sind meist nicht beibehalten worden, sondern durch sinnverwandte deutsche Wörter abgelöst. Das Sprichwort:
„Bog sreću dijeli, a ašćija čorbu" (283)
übersetzt Minna:
„Gott vertheilt das Glück und der Koch die Suppe."
Bei dem Wort „ašćija" liegt die Bedeutung „Gastwirt" näher als die Bedeutung „Koch"
Von einem anderen Sprichwort:
„Teško zlatu na debelu platnu!
I Đerdanu na garavu vratu!" (5527)
lautet die deutsche Übersetzung bei Minna:
„Weh dem Goldfaden auf grober Leinwand,
und dem Schmucke an einem schwarzen Halse!"
Das türkische Wort „derdan" (Halskette), ist mit „Scmuck" übersetzt.

7) In manchen Fällen entfernt sich die Übersetzerin vom Original und bevorzugt eine freiere Übersetzung:
„Igla kroz zlato i srebro prolazi, pa je opet gola", (1545)
ist so übersetzt:
„Die Nadel geht durch Silber und Gold
und kommt doch blank heraus."
Das Wort „go" heißt auf deutsch „nackt".

8) Manche serbische Sprichwörter, die in der Ursprache als Bauelemente Reim und Vers aufweisen, haben in der deutschen Übertragung beides eingebüßt. So lautet z. B. das Sprichwort:
„Dokle prosi, zlatna usta nosi,
A kad vraća, pleća obraća" (1026)
in der Übersetzung:
„So lange er bettelt, hat er einen goldenen Mund;
soll er aber zurückerstatten, kehrt er den Rücken."

Wie in der Volksepik so stellt auch in den serbischen Sprichwörtern Alliteration ein Bauelement und ein wichtiges poetisches Stilmittel dar. Sie ist in der Übersetzung kaum wiederzugeben:
„Vrag vragu oči ne vadi"
„Ein Teufel kratzt dem andern die Augen nicht aus" -oder:
„Bolje je prazna vreća nego vrag u vreći" (385)
„Besser ist es den leeren Sack unter dem Arm zu tragen, als den Teufel in demselben."

9) Viele serbische Sprichwörter haben einen bestimmten Rhytmus, der sich mitunter im Zehnsilbler äußert. Auch dieses Stilmittel ist in der deutschen Übertragung schwer festzuhalten:
„Brat je mio, koje vjere bio" (450)
„Ein Bruder, wessen Glaubens er auch sei,
ist mir stets lieb."
Oder:
„Svaki ciganin svog konja hvali" (4782)
„Ein jeder Zigeuner lobt sein Pferd."

10) Eine gewisse Anzahl serbischer Sprichwörter benutzen als poetisches Stilmittel die verballose Elipse. Derartige Sprichwörter sind in der deutschen Übersetzung in Form von vollständigen Sätzen mit Zeitwörtern wiedergegeben:
„S jednijem Bogom na sto neprijatelja" (4951)
„Mit Einem Gotte kann man gegen hundert Feinde gehen."

11) In manchen serbischen Sprichwörtern ist die Elipse so entstanden, daß das Substantiv, weil es als bekannt vorausgesetzt wird, ausgelassen wurde. In der deutschen Übersetzung ist die Elipse beseitigt und die fehlenden Substantive sind neu hinzugefügt:
„Carska se ne poriče"
„Ein Kaiserliches Wort ist unwiderruflich."

12) Intonationseffekte, die durch den Gleichklang einzelner Wörter erzeugt werden, konnte Minna in ihrer deutschen Übersetzung ebenfalls nicht bewahren:
„Krpež kuću drži" (2707)
„Flicken erhält das Haus."

13) Wegen der syntaktischen Unterschiede im Gefüge beider Sprachen vermochte Minna auch zahlreiche Inversionen, die im Serbischen als dichterischer Schmuck gelten, nicht zu retten:
„Vid'la žaba đe se konji kuju, pa i ona digla nogu" (551)
„Der Frosch sah, wie man die Pferde beschlug,
und er hob auch den Fuß".
In der Ursprache heißt „noga" nicht nur „Fuß" sondern auch „Bein".

Obwohl die bisher aufgeführten Beispiele auf gewisse Schwierigkeiten und Versäumnisse beim Übersetzen der serbischen Sprichwörter hinweisen, muß man doch die hervorragende Leistung von Minna Karadžić anerkennen. Sie war stets bestrebt, Gehalt, Bedeutung und Sinn des Originals zu bewahren. Daß es fast unmöglich ist, Alliterationen, gereimte und bildhafte Ausdrücke ins Deutsche zu übertragen, hat Jacob Grimm selbst zugegeben:
„Wol aber mangelt es auch hier keineswegs an kraftvollem wiederkehren und alliteration, die in der verdeutschung begreiflich zu grunde gehn..."[9]

Miljan Mojašević hat in einem Sonderkapitel seiner Dissertation „Das serbische Volksmärchen in deutscher Übersetzung" (1950) die Übersetzung der Volksmärchen von Minna einer Analyse unterzogen, nicht aber die von ihr übersetzten Sprichwörter. So beurteilt er ihre Übersetzung serbischer Volksmärchen:

„Bei der Bewertung ihrer Übersetzung muß berücksichtigt werden, daß Minna die Rolle eines Pioniers bei dieser Tätigkeit zufällt. Mit relativ geringen Ausnahmen ist die Frische des Ausdrucks in ihrer Übersssetzung erhalten geblieben und der Reichtum ihres Wortschatzes, Stärke und Schwung ihres Satzes und der Stärke und Ursprünglichkeit des serbischen Originals nähergerückt".[10]

Die deutsche Veröffentlichung serbischer Volksmärchen und Sprichwörter war ein langgehegter Wunsch Jacob Grimms, der durch die Arbeiten der Tochter seines Freundes, Minna Karadžić, endlich in Erfüllung ging. Minna nimmt damit einen einmaligen Platz ein in der Pflege, Förderung und Vertiefung der deutschsüdslavischen Kulturbeziehungen.

Schlußteil

Jacob Grimms Neigung zum serbischen Volk, zu dessen Sprache und mündlicher Überlieferung, seine Forschungen und Übersetzungen, seine Besprechungen und vor allem sein Einfluß auf Vuk Karadžić, waren von solcher Bedeutung, daß Vuk dank diesem Einfluß als der erste und der größte serbische und südslavische Sprachreformator das ganze Gefüge der serbokroatischen Sprache neu gestaltet und eine Wiedergeburt der Kultur seines Volkes eingeleitet hat. In groben Umrissen betrachtet, hat Grimms Interesse für die serbischen Sprichwörter folgenden Charakter: er fand in den serbischen Sprichwörtern wie auch in den deutschen Sprichwörtern Spuren des aufbewahrten volkstümlichen Rechts und der „alten Wahrheit".[1] Für Grimm sind auch serbische Sprichwörter „Beweis" einer Volkserfahrung und Volksweisheit, die durch Jahrhunderte gewachsen sind. Sprichwörter sind schließlich auch ein literarisches Werk, in dem sich auf prägnanteste Weise die schöpferischen Fähigkeiten und stilistischen Eigenarten eines Volkes widerspiegeln und in denen sich die kostbarsten sprachlichen Wesenszüge und Substanzen herausschälen.

Um die wissenschaftliche Öffentlichkeit Europas mit den volkskundlichen Zeugnissen des serbischen Volkes vertraut zu machen, spornte Grimm Vuk an, sich mit den Sprichwörtern zu befassen und setzte sich für ihre Herausgabe in Deutschland ein. Die deutsche Ausgabe serbischer Volksmärchen und Sprichwörter versah Grimm mit einem Vorwort über die Eigenheiten und den Charakter serbischer Volksmärchen und Sprichwörter. Als außerordentlich wichtig erwies sich seine Hilfe für Vuks Tochter Minna bei der Übersetzung dieser Sammlung. Indem er ihre Übersetzung redigierte, verhehlte er nicht seinen Wunsch, den Schatz serbischer Volksepik und Spruchweisheit in Europa so würdevoll wie möglich zu präsentieren.

Für Vuk weisen die Sprichwörter Volksverstand, Charakter, Sitten und Gebräuche auf. Vuk und Grimm verbindet etwas Gemeinsames, die Entdeckung der Sprichwörter als Quelle der Volksweisheit und als Goldmine der Volkssprache und deren Ausdruckskraft.

Vuk empfand für Grimm große Sympathie und Dank: „Sie sind das größte Glück unserer Lieder, unserer Sprache und unserer Literatur."[2] Und dann an einer anderen Stelle:

„Ich kann Ihnen nur mit schwachen Worten meine Dank ausdrücken für die vielen freundlichen Dienste, die Sie nicht nur mir sondern der serbischen Nation erwiesen haben, da Sie mit unserem seligen Freund Kopitar der erste waren, der die schwachen Anfänge meines literarischen Strebens anerkannte und denselben Geltung zur Ehre unserer Nation zu verschaffen suchte".[3]

Auch bei Grimm fehlte es nicht an Lob und Anerkennung für Vuk, für Serbien und für die serbische Volksdichtung:

„Eines vorzugs, dessen durch unachtsamkeit der menschen oder erschlaffung vaterländischen sinnes viele Völker verlustig gegangen sind, freut sich das serbische in vollem masze. reichthum und schönheit seiner einheimischen dichtungen sind so beschaffen, dasz die das übrige Europa, dem sie bisher verborgen blieben, in staunen setzen werden. und wenn einst, auf dem nun gesicherten boden, bei wachsender freiheit, Serbiens litteratur emporsteigt, kraft und blüthe gewinnt; dann wird es wie Griechenland seiner epischen gesänge dieser lieder nie vergessen, deren ruhm den ruhm und namen ihrer sammler, pfleger und beschützer mit sich fortträgt."[4]

Anmerkungen / Napomene

JACOB GRIMMS BEZIEHUNG ZUR SPRICHWORTKUNDE
ОДНОС ЈАКОБА ГРИМА ПРЕМА ПОСЛОВИЦАМА

[1] Mathilde Hain: *Deutsche Volkskunde und ihre Methoden,* in: Deutsche Philologie im Aufriss, Spalte 1723–1739.
[2] Jacob Grimm: *Von der Poesie im Recht,* in: Kleinere Schriften, Bd. VI, S. 153
[3] Ibidem, S. 155
[4] Ibidem, S. 159
[5] Ibidem, S. 163
[6] Ibidem
[7] Ibidem, S. 166
[8] Ibidem
[9] Jacob Grimm: *Deutsche Rechtsalterthümer,* Bd. I, S. 53
[10] Ibidem, S. 45–77
[11] Ibidem
[12] Ibidem
[13] Ibidem
[14] Ibidem
[15] Ibidem
[16] Ibidem
[17] Ibidem
[18] Ibidem
[19] Ibidem, S. VIII–IX
[20] Jacob Grimm: *Deutsche Grammatik,* II Teil, S. 679
[21] Vuk Stefanović: *Srpski Rječnik...,* S. 168
[22] Ibidem, S. 905
[23] Jacob und Wilhelm Grimm: *Deutsches Wörterbuch,* Vorwort, Bd. I.
[24] Ibidem
[25] Ibidem
[26] Vuk, *Prepiska,* Bd. II, S. 65
[27] Ibidem, S. 10

[28] Ibidem, S. 13 popovi & kaluđeri (Popen und Mönche); jebo mu pas majku (Der Hund möge seine Mutter koitieren).
[29] Jacob Grimm: *Von der Poesie im Recht,* in: Kleinere Schriften, Bd. Vi, S. 152
[30] Jacob Grimm: *Deutsche Rechtsalterthümer,* Bd. I, S. 45
[31] Jacob Grimm: *Deutsche Grammatik,* II. Teil, S. 679
[32] Max Vasmer: *Bausteine...,* S. 61
[33] Vgl. Ibidem, S. XII

JACOB GRIMM UND DIE SLAVEN
ЈАКОБ ГРИМ И СЛОВЕНИ

[1] August Sauer: *Aus Jacob Grimms Briefwechsel mit slavischen Gelehrten,* in: Prager Deutsche Studien, Bd. VIII, S. 585–629.
[2] Herbert Peukert: *Jacob Grimm und die Slaven,* S. 212
[3] Jacob Grimm: *Kleinere Schriften,* Bd. I, S. 13
[4] Ibidem, Bd. V, S. 231
[5] Ibidem, Bd. IV S. 437
[6] Ibidem, Bd. I, S. 258
[7] Ibidem, Bd. II, S. 212
[8] Ibidem, Bd. VIII, S. 108
[9] Ibidem, Bd. IV S. 105
[10] Max Vasmer: *Bausteine...,* S. 61 f.
[11] Ibidem, S. XXIV
[12] Ibidem, S. 15
[13] Herbert Peukert: *Jacob Grimm und die Slaven,* S. 219.

VUK KARADŽIĆ UND JACOB GRIMM
ВУК КАРАЦИЋ И ЈАКОБ ГРИМ

[1] Jacob Grimm wurde, weil er 1837 am „Protest der Sieben" teilgenommen hatte, seines Amtes enthoben und des Landes verwiesen.
[2] Ljub. Stojanović: *Život i rad Vuka Stef. Karadžića,* S. 758
[3] Ibidem, S. 760
[4] Johan Christoph Adelung (1732–1806), Polyhistor, Sprachforscher; 1759–1761 Prof. in Erfurt, dann Schriftsteller in Leipzig, seit 1787 Oberbibliothekar in Dresden, gab bedeutende Werke zur deutschen Lexikographie und Grammatik heraus, die für seine Zeit maßgebend waren, und machte den ersten Versuch einer allgemeinen Sprachkunde.
Werke: *Versuch eines vollständigen grammatisch-kritischen Wörterbuchs der hochdeutschen Mundart* (5 Bd., 1774–1786); *Umständliches Lahrgebäude der deutschen Sprache* (2 Bde. 1782).

Der bedeutendste Biograph von Vuk, Ljub. Stojanović, in seinem Werk „Život i rad Vuka Stef. Karadžića" hat Friedrich Adelung (1768–1843) den Neffen Johann Christoph Adelungs (1732–1806), mit diesem verwechselt. Da die Werke Friedrich Adelungs später als die von Kopitar und Vuk erschienen sind, kann Vuk den genannten phonetisch-orthographischen Grundsatz nur aus dem Werk J. Ch. Adelungs bezogen haben.

Vgl. Krešimir Georgijević: „Načelo piši kao što govoriš", S. 400-401.

[5] B. Kopitar: *Grammatik der slavischen Sprache in Krain, Kärnthen und Steyermark,* Laibach (Ljubljana), 1808, S. 459.

Vgl. Josef Matl: Europa und die Slaven, S. 276.

Vgl. Jovan Skerlić: *Istorija nove srpske Književnosti,* S. 243.

[6] Vgl. Josef Matl: *Europa und die Slaven,* S. 41.

[7] Ibidem, S. 41

[8] Miljan Mojašević: *Jacob Grimm und die Jugoslawen,* in: Brüder Grimm Gedenken 1963, S. 340.

[9] Ibidem, S. 340.

[10] Briefwechsel der Brüder Jacob und Wilhelm Grimm mit Karl Lachmann, Bd. I, S. 426.

[11] Jacob Grimm: *Kleinere Schriften,* Bd. VIII, S. 126

[12] Vuk, *Prepiska,* Bd. II, S. 27

[13] Beim Erlernen von slavischen Sprachen (insbesondere des Serbokroatischen) stellt die Aktionsart der Verben ein besonders schwieriges Problem dar.

[14] *Briefwechsel der Brüder Jacob und Wilhelm Grimm mit Karl Lachmann,* S. 434

[15] Vuk, *Prepiska,* Bd. II, S. 52

[16] Die Promotion Vuks zum Dr. phil. rite hatte J.S. Vater auf Veranlassung Kopitars von Halle aus angeregt, und sie wurde am 24. September 1823 vollzogen. J. S. Vater war Theologe und Slavist. Vgl. M. Vasmer: B. Kopitars Briefwechsel mit Jacob Grimm, in: *Zeitschrift für slavische Philologie,* Bd. XV, S. 228.

[17] „Der Papst", eine Anspielung auf Stefan Stratimirović, Metropolit der ungarländischen orthodoxen Serben in Karlowitz.

[18] Max Vasmer: *B. Kopitars Briefwechsel mit Jacob Grimm,* S. 7–8

[19] Ibidem, S. 1

[20] Ibidem, S. 14

[21] *Briefwechsel der Brüder Jacob und Wilhelm Grimm mit Karl Lachmann,* S. 434

[22] Vuk, *Prepiska,* Bd. II, S. 36

[23] Ibidem, S. 32

[24] Jacob Grimm: *Kleinere Schriften,* Bd. VIII, S. 107

[25] Predrag Milojević: *Goethe lernte Serbisch,* in: Deutsche Zeitung vom 27. August 1955.

[26] Vuk, *Prepiska,* Bd. II, S. 11

[27] Ibidem, S. 40
[28] Ibidem, S. 234
[29] Ibidem, Bd. II, S. 60
[30] Ljubomir Ognjanov: *Die Volkslieder der Balkanslaven und ihre Übersetzungen in deutscher Sprache*, S. 115
[31] Jacob Grimm: *Kleinere Schriften*, Bd. IV, S. 436
[32] Ibidem, S. 436, Anmerkung I
[33] Vuk, *Prepiska*, Bd. II, S. 56
[34] Ibidem
[35] Ibidem, S. 48
[36] Ibidem, S. 40
[37] Ljub. Stojanović: *Život i rad Vuka Stef. Karadžića*, S. 243.

SÜDSLAVISCHE PARÖMIOLOGIE VOR VUK KARADŽIĆ
ЈУЖНОСЛОВЕНСКЕ НАРОДНЕ ПОСЛОВИЦЕ ПРЕ ВУКА КАРАЏИЋА

[1] Miroslav Pantić: *Vuk Stefanović Karadžić i naše narodne poslovice*, Nachwort der Jubiläumsausgabe zum 100. Todestag Vuk Stef. Karadžićs, in: Srpske narodne poslovice..., S. 583.
[2] Juraj Šižgorić: *De situ Illyriae et civitate Sibenici*, 1487: „...proverbiis Illyricis utuntur, quae nos dicteria diximus, et ex lingua vernacula in latinem vertimus cum Jo. Naupleo viro docto et discreto..." in: M. Srepel, Jurja Šižgorića spis 'De situ Illyriae et civitate Sibenici a. 1487'. Građa za povijest književnosti hrvatske, knjiga II, Zagreb 1899.
[3] Hieronymus Megiser: *Paroemiologia*, in: P. Radies: Zbirka slovenskih pregovorov iz leta, S. 332–334.
[4] Miroslav Pantić: *Vuk Stefanović Karadžić i naše narodne poslovice...*, S. 585
[5] Karađorđe Petrović (1768–1817), Anführer des Ersten Serbischen Aufstandes gegen die Türken (1804).
Miloš Obrenović (1780–1860), Fürst von Serbien, Organisator des Zweiten Serbischen Aufstandes (1814).
[6] Ljub. Stojanović: *Život i rad Vuka Stef. Karadžića*, S. 406, 426, 613.
[7] Anica Šaulić: *O izdanjima Vukovih poslovica*, in: Južnoslovenski filolog, S. 230.
[8] Dositej Obradović: *Dela*
[9] Ibidem
[10] Ibidem
[11] Ibidem
[12] Ibidem
[13] Miroslav Pantić: *Vuk Stefanović Karadžić i naše narodne poslovice...*, S. 629

[14] Jovan Muškatirović: *Pričte iliti po prostomu poslovice...*
[15] Vuk Stef. Karadžić: *Narodne srpske poslovice...*
[16] Jovan Muškatirović: *Pričte iliti po prostomu...*
[17] M = Muškatirović: V = Vuk
[18] Miroslav Pantić: *Vuk Stefanović Karadžić...*
[19] Francesco Maria Appendini: *Grammatica della lingua illirica*
[20] Stefan Forenčević veröffentlichte in der „Serbske Novine" *(Serbische Zeitung)*, 1818, eine kleine Sammlung Volkssprichwörter.
[21] Ferrich Georgii (Ferić Đuro), Rhacusani, *Fabulae ab illyricis adagils desumptatae; Adagia illyricae lingue fabulis explicata,* befindet sich im Archiv der Franziskaner-Bibliothek in Dubrovnik.

DAS WIRKEN VUK KARADŽIĆ FÜR DIE SERBISCHE SPRICHWORTKUNDE
УТИЦАЈ ВУКА КАРАЦИЋА НА СРПСКЕ ПОСЛОВИЦЕ

[1] Vuk, *Prepiska,* Bd. I, S. 149
[2] Dies geschah in Form eines Rundschreibens, das einzelnen wissenschaftlich Interessierten zugeschickt wurde.
Vgl. Jacob Grimm: *Kleinere Schriften,* Bd. VII, S. 593 ff.
[3] Vorrede von Jacob Grimm, in: Wuk Stephanowitsch Karadschitsch: *Volksmärchen der Serben,* S.V.
[4] Vuk, *Prepiska,* Bd. I, S. 491
[5] Ljub. Stojanović: *Život i rad Vuka Stef. Karadžića,* S. 734
[6] Max Vasmer: *B. Kopitars Briefwechsel mit Jacob Grimm,* S. XVII
[7] Vatroslav Jagić: *Istorija slavjanskoj filologii,* S. 195
[8] Objavljenije o narodnim srpskim poslovicama, u Beču, 10 Oktomvrija 1833, in: Vuk Stef. Karadžić: *Srpske narodne poslovice...* (Jubiläumsausgabe zum 100. Todestag Vuk Stef. Karadžićs, S. 689 – Fotomechanischer Abdruck).
[9] Das Vorwort wurde am 10. Juli 1836 in Wien gedruckt und mit dem Verzeichnis von Druckfehlern dem Buchteil angeschlossen, der in Cetinje gedruckt wurde. Manche Exemplare sind ohne Vorwort verkauft worden.
[10] Vuk, *Prepiska,* Bd. I, S. 491
[11] Miroslav Pantić: *Vuk Stefanović Karadžić i naše narodne poslovice,* Nachwort, in: Vuk Stef. Karadžić, *Srpske narodne poslovice...,* Beograd, 1964
[12] Vuk Stef. Karadžić: *Srpske narodne poslovice,* Beograd, 1964, S. 72
[13] Vuk, *Prepiska,* Bd. II, S. 50 Das Sprichwort wurde in der Ursprache angeführt.
[14] Miodrag Vukić: *Kulturelle Beziehungen zwischen Serben und Deutschen,* „Diskus", S. 176

[15] Diese zahlreichen Manuskripte von Vuk sind in seinem Nachlaß in der Serbischen Akademie der Wissenschaften (Belgrad) aufbewahrt.
[16] Vuk, *Prepiska*, Bd. I, S. 146
[17] Vorwort zu der Ersten Ausgabe serbischer Sprichwörter: *Narodne srpske poslovice*, Cetinje, 1836, S. VIII
[18] Ibidem
[19] Ibidem, S. IX
[20] Čibuk = Teshibuk = lange türkische Tabakpfeife
[21] Vuk Stef. Karadžić: *Srpski Rječnik*...
[22] Vuk Stef. Karadžić: *Srpske narodne poslovice*, Beograd, 196, Kap. I
[23] Vuk, *Prepiska*, Bd. I, S. 147
[24] Objavljenije o Narodnim srpskim poslovicama, u Beču, 10. Oktomvrija 1833, in: Vuk Stefanović Karadžić: *Srpske narodne poslovice*, Beograd, 1964, S. 689, – Fotomechanischer Abdruck.
[25] Oglas za drugo, bečko izdanje Vukove zbirke poslovica: 'Nova knjiga', Wien am 8. Januar 1849, in: Vuk Stef. Karadžić: *Srpske narodne poslovice*, Beograd, 1964, S. 695, – Fotomechanischer Abdruck.
[26] Vuk hat die erste (*Narodne srpske poslovice*, Cetinje, 1836) und auch die zweite Ausgabe (*Srpske narodne poslovice*, Beč, 1849) seiner Srpichwörtersammlung dem montenegrinischen Bischoff, Petar Petrović – Njegoš, gewidmet.
[27] Vuk Stef. Karadžić: *Srpske narodne poslovice*,... Biograd, 1900, Hrsg. Sima N. Tomić
[28] Vuk. Stef. Karadžić: *Srpske narodne poslovice i Zagonetke*, Beograd, 1933
[29] Vuk Stef. Karadžić: *Srpske narodne poslovice*, Hrsg. Miroslav Pantić, Beograd 1964
[30] Die serbischen obszönen Ausdrücke sind mit lateinischen Wörtern wiedergegeben.

JACOB GRIMM UND DIE SAMMELTÄTIGKEIT VUK KARADŽIĆS
ЈАКОБ ГРИМ И САКУПЉАЧКА ДЕЛАТНОСТ ВУКА КАРАЦИЋА

[1] Max Vasmer: *Bausteine*..., S. XII
[2] Alois Schmaus: *Südslavisch-deutsche Literaturbeziehungen*, in: Deutsche Philologie im Aufriss, Bd. III, Spalte 482–502
[3] Vuk, *Prepiska*, Bd. II, S. 1
[4] Ibidem, S. 1–2
[5] Ibidem, S. 2
[6] Ibidem, S. 2–3
[7] Ibidem, S. 3

[8] Ibidem, S. 11
[9] Ibidem, S. 50
[10] Max Vasmer: *Bausteine...*, S. 28
[11] Ibidem, S. 29
[12] Ibidem, S. 30
[13] Ibidem, S. 30 „Vjedogonja ist auch als Mensch stärker als andere gewöhnliche Menschen; im Schlafe aber gehet sein Geist heraus, reißt die größten Bäume aus der Erde und wälzt die größten Steine usw."
(Diese Worterläuterung gab Vuk in seinem Schreiben vom 24. August 1836 aus Wien an Grimm).
[14] Ibidem, S. 31
[15] Vuk, *Prepiska*, Bd. II, S. 53
[16] Max Vasmer: Bausteine..., S. 36; Vuks Kovčežić za istoriju, jezik i običaje Srba, Bd. 1, (Kästlein für Geschichte, Sprachen Sitten und Gebräuche).
[17] Vuk, *Prepiska*, Bd. II, S. 58
[18] Max Vasmer: Bausteine..., S. 160
[19] Ibidem, S. 161; Kovčežić za istoriju, jezik i običaje Srba sva tri zakona, Wien, 1849

SERBISCHE SPRICHWÖRTER IN DEUTSCHE ÜBERTRAGUNG UND JACOB GRIMM
СРПСКЕ ПОСЛОВИЦЕ У НЕМАЧКОМ ПРЕВОДУ И ЈАКОБ ГРИМ

[1] Miljan Mojašević: *Karadžićeve posete braći Grim,* in: Anali Filološkog fakulteta, knjiga III, S. 85. Vgl. auch Kap. VI vorliegender Arbeit, S. 1.

[2] Max Vasmer: *Bausteine...*, S. 42

[3] Miljan Mojašević registriert, daß Minna Frau Therese Robinson, der berühmten Übersetzerin serbischer Volkslieder, zur bleibenden Erinnerung an den dahingeschiedenen Autor mit dem Ausdrucke der tiefsten Hochachtung dargebracht von dessen Tochter Minna.
Vgl. M. Mojašević: *Srpska narodna pripovetka u nemačkim prevodima,* S. 43

[4] Vuk, *Prepiska,* Bd. I, S. 150. – aus dem serbischen Original übersetzt!

[5] Ibidem, S. 281

[6] Ibidem, Bd. II, S. 58

⁷ Max Vasmer: *Bausteine...,* S. 45. (M. Vasmer hat den Briefwechsel Vuk-Grimm veröffentlicht und die schadhaften Stellen des Textes rekonstruiert und in Klammern gesetzt).
⁸ Wuk Stephanowitsch Karadschitsch: *Volksmärchen der Serben* (Jacob Grimms Vorrede), S.V. ff.
⁹ Ibidem, S. VIII
¹⁰ Ibidem
¹¹ Ibidem, S. XII
¹² Ibidem.

WILHELMINE KARADŽIĆ ALS ÜBERSETZERIN SERBISCHER VOLKSSPRICHWÖRTER
ВИЛХЕМИНА КАРАЏИЋ КАО ПРЕВОДИЛАЦ СРПСКИХ НАРОДНИХ ПОСЛОВИЦА

¹ Ljuba Stojanović: *Život i rad Vuka Stef. Karadžića,* S. 651
² Therese Albertine Luise von Jacob (1797–1870), Tochter des Philosophen Heinrich Ludwig von Jacob, kann eigentlich als die erste Übersetzerin serbischer und kroatischer Volksdichtung gelten, deren Übersetzungen die breitere Öffentlichkeit erobert haben. Therese von Jacob, oder Talvj, wie ihr Pseudonym lautete, war zweifellos eine zwar nicht sehr große, aber immerhin bemerkenswerte schriftstellerische Begabung.
Vgl. Ljubomir Ognjanov: *Die Volkslieder der Balkanslaven und ihre Übersetzung in deutscher Sprache,* S. 116.
³ Vuk, *Prepiska,* Bd. II, S. 56
⁴ Ibidem, S. 52
⁵ Ibidem, Bd. V, S. 717
⁶ Ibidem, Bd. II, S. 65 – Während die Wiener Ausgabe „Srpske narodne pripovijetke" (1853) mit der Widmung: 'Dem ruhmvollen Deutschen Jacob Grimm' versehen war, wurde die deutsche Übersetzung der Fürstin Obrenowitsch geb. Gräfin Hunyady von Kethely gewidmet, mit einer Vorrede von Jacob Grimm.
⁷ Max Vasmer: *Bausteine...,* S. 44
⁸ Vuk Stef. Karadžić: *Srpske narodne poslovice,* Beč, 1849;
Vuk Stef. Karadžić: *Srpske narodne poslovice,* Beograd, 1964.
⁹ Wuk Stephanowitsch Karadschitsch: *Volksmärchen der Serben* – Jacob Grimms Vorrede – S. VIII
¹⁰ Miljan Mojašević: *Srpska narodna pripovetka u nemačkim prevodima,* S. 54.

SCHLUßTEIL
ЗАКЉУЧАК

¹ Jacob Grimm: *Von der Poesie im Recht,* in: Kleinere Schriften, Bd. Vi, S. 153
² Vuk, *Prepiska,* Bd. II, S. 12
³ Max Vasmer: *Bausteine...,* S. 40
⁴ Jacob Grimm: *Kleinere Schriften,* Bd. VIII, S. 96; Wuk Stephanowitsch, *Kleine Serbische Grammatik,* verdeutscht und mit einer Vorrede von Jacob Grimm, Leipzig und Berlin, 1824.
Dem Durchlauchtigen Fürsten in Serbien, Herrn Milosch Obrenowitsch.

Literaturverzeichnis / Попис литературе

A. *Quellen* / *Извори:*

I. Briefwechsel / Prepiska: Vuk – Grimm, Kopitar – Grimm, Kopitar – Vuk.

1) Ljub. Stojanović, Hrsg., *Vukova prepiska,* knjiga prva, Beograd 1907.

2) Ljub. Stojanović, Hrsg., *Vukova prepiska,* knjiga druga, Beograd 1908.

3) Max Vasmer, Hrsg., *Briefe Vuk Stef. Karadžić's an Jacob Grimm* (Nr. 20–39), in: Bausteine zur Geschichte der deutsch-slavischen geistigen Beziehungen I., Berlin 1939, S. 24–47.

4) Max Vasmer, Hrsg., *B. Kopitars Briefwechsel mit Jacob Grimm,* Berlin, 1938.

II. Ausgaben der Werke Vuk Karadžić's / Објављена дела Вука Караџића

1) Vuk Stefanović Karadžić: *Srpski Rječnik,* Beč 1818. Wolf Stephanosohn's: Serbisch-Deutsch-Lateinisches Wörterbuch, Wien 1818.

2) Vuk Stef. Karadžić: *Srpski Rječnik,* Beč 1852. Vuk Steph. Karadschitsch: *Lexicon Serbico-Germanico-Latinum,* Wien 1852.

3) Vuk Stef. Karadžić: *Prvi Srpski Bukvar,* Beč 1827.

4) Vuk Stef. Karadžić: *Narodne Srpske poslovice i druge različne, kao one u običaj uzete riječi,* Cetinje 1836.

5) Vuk Stef. Karadžić: *Srpske narodne poslovice,* Beč 1849.

6) Vuk Stef. Karadžić: *Srpske narodne poslovice,* Biograd 1900.

7) Vuk Stef. Karadžić: *Srpske narodne poslovice,* Beograd 1933.

8) Vuk Stef. Karadžić: *Srpske narodne poslovice,* Izdanje o stogodišnjici smrti Vuka Stefanovića Karadžića 1864–1964, Beograd, Hrsg. Miroslav Pantić.

9) Wuk Stephanowitsch Karadschitsch: *Volksmärchen der Serben.* Ins Deutsche übersetzt von dessen Tochter Wilhelmine. – Mit einer Vorrede

von Jacob Grimm. Nebst einem Angange vom mehr als tausend serbischen Sprichwörtern, Berlin 1854.

III. Ausgaben der Werke Jacob Grimms / Дела Јакоба Грима

1) Jacob Grimm: *Kleinere Schriften,* 8 Bde, Berlin und Gütersloch 1864–1890.
2) Jacob Grimm: *Deutsche Grammatik,* II. Teil, Göttingen 1899.
3) Jacob und Wilhelm Grimm: *Deutsches Wörterbuch,* Bd. I, Leipzig 1852 ff.
4) Jacob Grimm: *Deutsche Rechtsalterthümer,* Bd. I, Leipzig 1899.

B. Sekundärliteratur / Секундарна лишерашура

Appendini Francesco Maria: *Grammatica della lingua illirica,* Ragusa 1808.

Ferrich Georgii (Ferić Đuro): *Rhacusani Fabulae ab illyricis adagiis desumptae,* Rhacusae 1794.

Georgijević Krešimir: *Načelo piši kao što govoriš,* in: Glasnik jugoslovenskog profesorskog društva, knjiga XV, sveska 5, Beograd 1935, S. 393–404.

Hain Mathilde: *Deutsche Volkskunde und ihre Methoden,* in: Deutsche Philologie im Aufriss, hrsg. von Wolfgang Stammler, 2. Aufl., Berlin 1962, Bd. III, Spalte 1723–1739.

Jagić Vatroslav: *Istorija slavjanskoj filologii,* Petersburg, 1910, S. 195.

Leitzmann Albert: Hrsg.: *Briefwechsel der Brüder Jacob und Wilhelm Grimm mit Karl Lachmann,* 2 Bde., Jena 1927.

Matl Josef: *Europa und die Slaven,* Wiesbaden 1964.

Megiser Hieronymus: *Paroemiologia,* in: P. Radics: *Zbirka slovenskih pregovorov iz leta 1592,* Kres, II, Celovec, 1882, št. 6, S. 332–334.

Mojašević Miljan: *Jacob Grimm und die Jugoslawen* in: Brüder Grimm Gedenken, 1963, Gedenkschrift zur hundertsten Wiederkehr des Todestages von Jacob Grimm, Marburg 1963.

Mojašević Miljan: *Srpska narodna pripovetka u nemačkim prevodima – od Grima do Leskina (1815–1915),* Doktorska disertacija, Beograd 1950.

Mojašević Miljan: *Karadžićeve posete braći Grim,* in: Anali Filološkog fakulteta, knjiga III, Beograd 1963.

Muškatirović Jovan: *Pričte iliti po prostomu poslovice tjemže sentencije iliti rječenija,* 1. Auflage: Wien 1787, 2. Auflage: Budapest 1807.

Obradović Dositej: *Dela,* Beograd 1911.

Ognjanov Ljubomir: *Die Volkslieder der Balkanslaven und ihre Übersetzungen in deutscher Sprache,* Berlin 1941.

Pantić Miroslav: *Vuk Stefanović Karadžić i naše narodne poslovice*, Nachwort der Jubiläumsausgabe zum 100. Todestag Vuk Stef. Karadžić, in: Vuk Stef. Karadžić: Srpske narodne poslovice, Beograd 1964.

Peukert Herbert: *Jacob Grimm und die Slaven*, in: Wissenschaftliche Zeitschrift der Friedrich-Schiller-Universität Jena, Jahrgang 13/1964, Heft 3.

Popović Miodrag: *Vuk Stef. Karadžić* – o stogodišnjici smrti (1864–1964), Beograd 1964.

Sauer August: *Aus Jacob Grimms Briefwechsel mit slavischen Gelehrten*, in: Prager Deutsche Studien, Prag 1908, Bd. VIII, S. 585–629.

Skerlić Jovan: *Istorija nove srpske književnosti*, Beograd 1967.

Schmaus Alois: *Südslavisch-deutsche Literaturbeziehungen*, in: Deutsche Philologie im Aufriss, Bd. III, Spalte 482–502, Berlin 1962, 2. Auflage.

Šaulić Anica: *O izdanjima Vukovih poslovica*, in: Južnoslovenski filolog, Beograd 1952, S. 229–236.

Šaulić Anica: *Jovan Muškatirović, Prvi skupljač srpskih narodnih poslovica*, in: Južnoslovenski filolog, Beograd, 1955/56, S. 237–255.

Stojanović Ljuba: *Život i rad Vuka Stef. Karadžića*, Beograd–Zemun 1924.

Vasmer Max: *B. Kopitars Briefwechsel mit Jacob Grimm*, in: Abhandlungen der Preußischen Akademie der Wissenschaften, Nr. 6, Berlin 1939.

Vasmer Max: *Vuks Wahl zum Mitglied der Göttinger Gesellschaft der Wissenschaften*, S. 312. *B. Kopitars Briefwechsel mit Jacob Grimm*, S. 228, in: Zeitschrift für slavische Philologie, hrsg. von Max Vasmer, Bd. XV, Leipzig 1938.

Vukić Miodrag: *Kulturelle Beziehungen zwischen Serben und Deutschen*, in: 'Diskus', Frankfurt/M. 1957, S. 173–177.

Nachwort

Die Wiedergeburt der südslawischen Literaturen ist in bedeutendem Maße auch mit ihrer Rezeption und Würdigung in Deutschland verbunden gewesen. Schon mit Goethes berühmter Nachdichtung des *Klagegesangs von der edlen Frauen des Hasan Aga* (1775) oder Herders Volksliedern (1778/79), in denen auch sog. „morlackische Lieder" zu finden sind, wurde die südslawische Volksdichtung einem größeren Publikum bei uns bekannt. Die serbokroatische oder kroatoserbische Sprache und Literatur erschien dabei vor dem Hintergrund der äußerst komplizierten sozialen, politischen und religiösen Verhältnisse Südosteuropas und ihren verschiedenartigen kulturellen Traditionen und Entwicklungslinien. Die geographischen und ethnisch-politischen Begrifflichkeiten wie „Serbien", „Kroatien", „Dalmatien", „Montenegro", „Bosnien", „Herzegowina" usw. vermochten dabei die Geschichte dieser wohl disparatesten Region in Europa nur sehr unzureichend erfassen.

Die Geschichte und Kultur dieses südöstlichen Teils von Europa wurde bis zum Beginn des 19. Jahrhunderts meist nur im Gegensatz zwischen Okzident und Orient, zwischen Christentum und Islam, zwischen Österreich-Ungarn und Osmanischem Reich, zwischen Latinität und Orthodoxie gesehen. Erst durch die antitürkische Revolution von 1804 und die danach erfolgende Gründung eines serbischen Staatsgebildes traten vor allem die südslawischen „Serben" verstärkt in den Blick der kulturell interessierten Kreise Europas. Als entscheidende Aufgabe erschien nun die Schaffung einer einheitlichen Literatur-und Schriftsprache, die sowohl die verschiedenen schriftsprachlichen Traditionen als auch zahlreiche phonetische, grammatische und lexikographische Varianten berücksichtigen mußte. Diese Aufgabe hat der aus Tršić in Mittelserbien stammende Autodidakt Vuk Stefanović Karadžić hervorragend bewältigt.

Wichtige Impulse für die Wiedergeburt der südslawischen Völker wurden vor allem über Wien, wo der Slowene Bartholomäus Kopitar die Hofbibliothek leitete, weitergegeben. Kopitar, selbst

Autor sprachhistorischer und literarischer Arbeiten, hat den nach dem serbischen Aufstand von 1804 nach Wien geflohenen Karadžić in entscheidender Weise gefördert und zur Aufsammlung südslawischer Heldenlieder, Sprichwörter, Rätsel, Märchen und Sagen angeregt. In der romantischen Rückbesinnung auf die kulturelle Tradition des „einfachen Volkes" gelang Karadžić die Begründung einer einheitlichen Literatur-und Schriftsprache und damit eine der wichtigsten Grundvoraussetzungen für das nationale Selbstbewußtsein und die Einigung der südslawischen Völker. Mit seinen *Srpske narodne pesme* („Serbische Volkslieder") legte er die Grundlagen für die moderne serbokroatische bzw. kroatoserbische Literatur. Trotz aller ideologischen, politischen und kriegerischen Auseinandersetzungen besitzt seine Schöpfung bis heute für Serben wie für Kroaten uneingeschränkte Gültigkeit. Wohl bestehen kroatisch oder serbisch geprägte Varianten der Hochsprache, etwa im unterschiedlichen (lateinischen bzw. kyrillischen) Schriftsystem sowie in Teilbereichen der Phonetik, der Lexik und der Grammatik, dennoch existiert bis heute eine verbindliche serbokroatische bzw. kroatoserbische Sprache, die auch angesichts der blutigen Geschichte unserer Tage nicht wegdiskutiert werden kann.

Entscheidende Förderung erfuhr Karadžić auch durch Jacob Grimm, der bei seinem Aufhalt als kurhessischer Legationssekretär in Wien (1814/15) eine Auswahl aus der dort gedruckten slawisch-serbischen Volksliedersammlung (*Mala prostonarodna slaveno-serbska pesnarica, izdana Vukom Stefanovićem*. Wien 1814/15) in einer deutschen Übersetzung Kopitars kennenlernte und in einer Abschrift nach Kassel mitnahm. Die anschließende Veröffentlichung von – dichterisch bearbeiteten – *Neunzehn Serbischen Lieder(n)* in Försters Almanach *Die Sängerfahrt* (Berlin 1818) erschloß der südslawischen Volksdichtung große Bekanntheit beim deutschsprachigen Publikum und bereitete der wiederum von Grimm selbstlos geförderten zweibändigen Ausgabe der *Volkslieder der Serben. Metrisch übersetzt und historisch eingeleitet von Talvj* (= Therese Albertine Louise von Jacob) (Halle 1825–26) den Boden. Nicht nur die Brüder Grimm, sondern erneut Goethe, Ludwig Uhland, Leopold von Ranke und andere Größen des deutschen Geisteslebens haben sich in der Folge für die reiche und differenzierte Kultur der Südslawen interessiert und wissenschaftlich sowie publizistisch-literarisch weiter erschlossen.

Von ganz besonderer Bedeutung aber ist die Zusammenarbeit zwischen Jacob Grimm und Vuk Karadžić, der 1823 Kassel besuchte und auch später noch häufig mit den Brüdern Grimm persönlich zusammentraf. Jacob Grimm bearbeitete auch dessen *Kleine Serbische Grammatik,* die 1824 mit einem umfangreichen sprachkritischen Vorwort aus der Feder des Begründers der modernen Germanischen Sprachwissenschaft erschien. Später schrieb Grimm das Vorwort zu den von Karadžić gesammelten und von dessen Tochter Wilhelmine verdeutschen *Volksmärchen der Serben,* die im Anhang von „mehr als Tausend serbischen Sprichwörtern" (Berlin 1854) begleitet wurden. Jacob Grimm fand im Werke Vuk Karadžićs ein Idealbild für seine romantische Auffassung von der Ursprünglichkeit und Originalität volkstümlicher Dichtungstraditionen; die von Karadžić auf dieser Grundlage geschaffene Orthographie und innere Normierung der serbokroatischen bzw. kroatoserbischen Sprache stellte er immer wieder als ein nachahmenswertes Beispiel dar.

„wie er (Karadžić) mit der ihm beschiedenen ausgezeichneten gabe die regel und den wortreichthum der serbischen sprache neu aufzustellen, auch in einer gelungnen übertragung des neuen testaments anzuwenden vermochte, sind von ihm [...] die früher ungeahnten quellen einer entzückenden poesie entdeckt, eröffnet, und alle schätze der sprichwörter und gebräuche dieses noch unverbildeten volks treu und lichtvoll gesammelt worden. es heiszt aber ganz Europa, welches diese verdienste laut anerkennt, beleidigen, dasz sein eigenes vaterland einem solchen manne volle, gebührende gerechtigkeit fast zu versagen scheint, von dem man behaupten darf, dasz er niemals etwas unrechtes, unnützes oder unfruchtbares that, und er, wenn alle irrthümer und blendwerke geschwunden sind, im gedächtnis kommender zeiten hervorragen wird..." (Jacob Grimm, *Kleinere Schriften,* Bd. 8, S. 387).

Die Völker der Südslawen, des ehemaligen Jugoslawien, allen voran Serben und Kroaten, sollten sich wieder auf das Werk von Männern wie Vuk Karadžić oder Ljudevit Gaj besinnen und sich als einen Teil der reichen Kulturtraditionen Europas begreifen, die in ihrer Vielfalt und Eigenart die Brüder Grimm und andere im 19. Jahrhundert so fasziniert hat. Die Rückbesinnung auf die fruchtbare deutsch-südslawische Wechselbesinnung, wie sie sich beispielhaft in den Beziehungen zwischen Jacob Grimm und Vuk Karadžić darstellt, kann dazu einen kleinen Beitrag leisten. Die erweiterte zweisprachige Neuauflage der instruktiven Frankfurter Magisterarbeit von Miodrag Vukić über das gemeinsame Wirken von Karadžić und Grimm für die serbokroatische bzw. kroatoserbische Sprichwortkunde kann diese Rückbesinnung mit neuem Leben erfüllen.

Dr. Bernhard Lauer

О аутору / Über den Autor

Миодраг Вукић је рођен у Београду 1926. године. Студирао је немачку филологију, српскохрватски и руски језик на београдском Универзитету. У Франкфурту на Мајни студирао је германистику, етнологију и Политичке науке; радио је као лектор за јужнословенске језике на Универзитету у Мајнцу. Студирао је источну и јужнословенску филологију као и германистику, и магистрирао на тему: *Вук Караџић и Јакоб Грим – њихова сарадња на пољу српске паремиологије*.

Преводи дела модерне југословенске прозе и поезије на немачки као и публикације са подручја немачко-југословенских односа.

Miodrag Vukić, geb. 1926 in Belgrad; studierte Deutsche Philologie. Serbokroatisch und Russisch an der Belgrader Universität; in Frankfurt am Main studierte er Germanistik, Volkskunde u. wiss. Politik; dann war er mehrere Jahre Lektor für südslawische Sprachen an der Universität Mainz tätig. Während dieser Zeit Studium der Ost- und Südslawische Philologie sowie Germanistik; Erlangung des Magister Atrium über das Thema: „Vuk Karadžić und Jacob Grimm, ihr gemeinsames Wirken für die serbische Sprichwortkunde".

Zahlreiche Übersetzungen der modernen jugoslawischen Lyrik und Prosa, sowie Publikationen aus dem Bereich der deutsch-jugoslawischen Beziehungen.

Sonderkorrespondent mehrerer jugoslawischer Zeitungen u. Zeitschriften.

Вук Караџић
Vuk Karadžić

Вук Караџић, рад Уроша Кнежевића (1863)
Vuk Karadžić, von Uroš Knežević

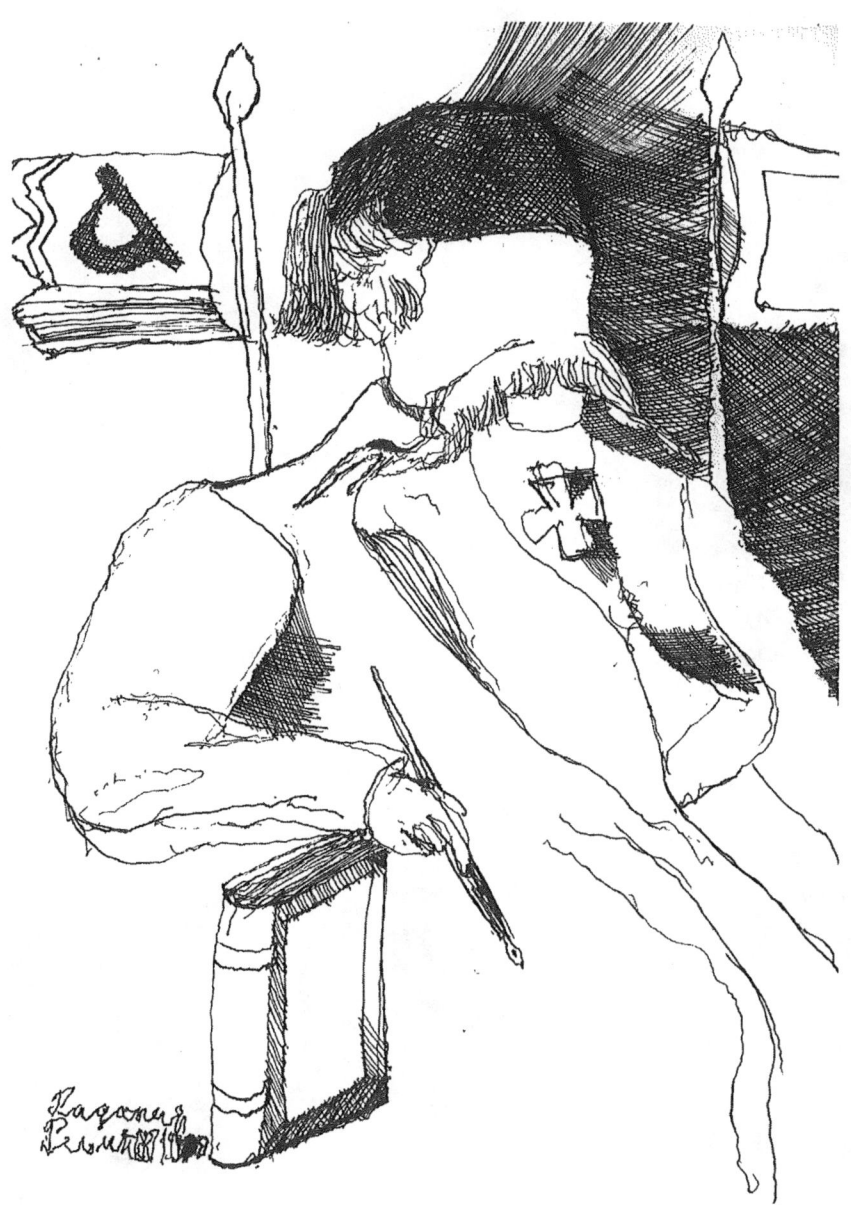

Вук, цртеж Радомира Рељића (1998)
Vuk, Zeichnung von Radomir Reljić

Вук Караџић, уље
Димитрија Аврамовића (1849)

Vuk Karadžić,
Öl von Dimitrije Avramović

Вук, цртеж оловком
Е. Кајзера (1850)

Vuk, Bleistiftzeichnung
von E. Kayzer

Вук, уље Павла
Ђурковића (1816)

Vuk, Öl von Pavle Djurković

Вук Караџић на фотографијама

Vuk Karadžić, Photographie

Вилхелмина Мина Караџић-Вукомановић
Wilhelmine Mina Karadžić-Vukomanović

Johann Wolfgang von Goethe

Гете, рад Георга Освалда Маја
(уље на платну, 1779)

Goethe Öl auf Leinwand
von Georg Oswald May, 1779

Гете, рад непознатог аутора,
око 1765

Goethe, Von Unbekannter Hand
um 1765

Гете у Кампањи, рад Јохана Тишбајна
(уље на платну)

Goethe in der Campagna, Öl auf
Leinwand von Johann Tischbein, 1786–1788

Гете, рад Герхарда Кугелгена
Goethe, von Gerhard Kügelgen

Гете, рад Ф. Пехта
Goethe, von F. Pecht

Гете, рад К.А. Швердгебурта
Goethe, Silberstiftreichnung
von C. A. Schwerdgeburth 1831

Гете, бакрорез Јохана
Хајнриха Липса
Goethe, Kupferstich
von Johann Heinrich Lips, 1791

Јохан Волфганг Гете,
рад Јохана Јозефа Шмелера (уље на платну, 1826)

Johann Wolfgang Goethe, Öl auf
Leinwand von Johann Joseph Schmeller, 1826

Браћа Грим
Brüder Grimm

Родна кућа Браће у Ханауу, Трг Параде
Geburtshaus der Brüder in Hanau am Paradeplatz

Доротеја Грим, мајка Браће Вилхелм Грим, отац браће Грим
Dorothea Grimm, die Mutter Wilhelm Grimm, Vater
der Brüder der Brüder Grimm

Поглед из Гримовог стана

Blick aus der Grimmschen
Wohnung in die Marktgasse

Јакоб Грим,
у старости
од две и по године

Jacob Grimm
in Alter von
zweieinhalb Jahren

Секретар легације
Јакоб Грим, 1815

Legationssekretar
Jacob Grimm 1815

Вилхелм Грим 1822
Wilhelm Grimm 1822

Рукопис Вилхелма Грима
Wilhelm Grimms
Handschrift

Јакоб Грим 1818
Jacob Grimm 1818

Рукопис Јакоба Грима
Jacob Grimms Handschrift

Јакоб Грим,
цртеж Франца Кругера

Jacob Grimm Zeichnung
von Franz Krüger

Вилхелм Грим,
цртеж Франца Кругера

Wilhelm Grimm, Zeichnung
von Franz Krüger

Јакоб Грим као Витез реда „*Pour la merite*", графика према Бегаовој слици

Jacob Grimm als Ritter des Ordens *Pour le merite*, Stich nach dem Gemälde von Begas

Јакоб Грим и Вилхелм Грим (1843)
Jacob Grimm und Wilhelm Grimm 1843

Јакоб Грим
Jacob Grimm

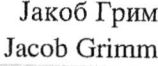

Јакоб Грим, 1857
Jacob Grimm, 1857

Вилхелм Грим, 1857
Wilhelm Grimm, 1857

Споменик Браћи Грим у Ханауу
Nationaldenkmal der Brüder Grimm in Hanau

За фото-документацију о браћи Грим у овој књизи захваљујемо *Brüder Grimm Museum Kassel*

Садржај

Први део

Петра Рот: Поздравна реч 7
Др Хелмут Шалер: Вук Караџић и његов значај у Србији и ван ње 8
Предговор 11
Вук Караџић између Грима и Гетеа; њихова сарадња и пријатељство 12
Вуков живот 14
Вук и Гете 17

Други део

Маргарет Хертел: Поздравна реч 23
Увод 25
Однос Јакоба Грима према пословицама 27
Јакоб Грим и Словени 36
Вук Караџић и Јакоб Грим 41
Јужнословенске народне пословице пре Вука Караџића 50
Утицај Вука Караџића на српске пословице 57
Јакоб Грим и сакупљачка делатност Вука Караџића 64
Српске пословице у немачком преводу и Јакоб Грим 71
Вилхелмина Караџић као преводилац српских народних пословица 76
Закључак 83

Напомене 195
Попис литературе 204
Др Бернхард Лауер: Поговор 85
О аутору 211

Inhalt

Erster Teil

Petra Roth: Grußwort	91
Dr. Helmut Schaller: Vuk Karadžić und seine Bedeutung innerhalb und außerhalb Serbiens	92
Vorwort	95
Wechselwirkung und Freundschaft Vuk – Grimm – Goethe	96
Vuks Leben	98
Vuk und Goethe	102
Anhang: Goethes Nachdichtung des Volkslieds „Klaggesang der edlen Frauen des Asan-Aga" & Goethes Aufsatz „Serbische Lieder"	106

Zweiter Teil

Margret Härtel: Grußwort	123
Einleitung	125
Jacobs Grimms Beziehung zur Sprichwortkunde	128
Jacob Grimm und die Slaven	137
Vuk Karadžić und Jacob Grimm	142
Sudslavische Parömiologie vor Vuk Karadžić	152
Das Wirken Vuk Karadžićs für die serbische Sprichwortkunde	160
Jacob Grimm und die Sammeltätigkeit Vuk Karadžićs	170
Serbische Sprichwörter in deutscher Übertragung und Jacob Grimm	178
Wilhelmine Karadžić als Übersetzerin serbischer Volkssprichwörter	184
Schlußteil	192
Anmerkungen	195
Literaturverzeichnis	204
Dr. Bernhard Lauer: Nachwort	207
Über den Autor	211

Издавачко предузеће РАД
Београд, Дечанска 12

КУЛТУРНО-ПРОСВЕТНА ЗАЈЕДНИЦА СРБИЈЕ (Вуков сабор)
Београд, Нушићева 4
*
За издаваче
ЗОРАН ВУЧИЋ
ГОРАН ЂОРЂЕВИЋ
*
Лектор и коректор
МИРОСЛАВА СТОЈКОВИЋ
*
Дизајн корица
МИЛОШ МАЈСТОРОВИЋ
Реализација
АЉОША ЛАЗОВИЋ
*
Припрема текста
Графички студио РАД
*
Штампа
Codex Comerce
Београд

CIP – Каталогизација у публикацији
Народна библиотека Србије, Београд

929:801 Караџић В. С.

ВУКИЋ, Миодраг

Вук Караџић између Гетеа и Грима / Миодраг Вукић = Vuk Karadzic zwieschen Goethe und Grimm / Miodrag Vukić ; [превод Вера Колаковић]. – Београд : Рад : Културно просветна заједница Републике Србије, 1998 (Београд : Codex Comerce). – 232 стр. ; 20 cm. – (Библиотека Вуков сабор = Bibliothek Vukov Sabor)

Упор. текст на срп. и нем. језику. – О аутору = Über den Autor: стр. 211. – Библиографија: стр. 204–206.

а) Караџић, Вук Стефановић (1787–1864) – Гете, Јохан Волфганг (1749–1832) б) Караџић, Вук Стефановић (1787–1864) – Грим, Јакоб (1785–1863)

ISBN 86-09-00573-9
ИД=67395596

У библиотеци ВУКОВ САБОР изишло

Вук Стефановић Караџић
ПРВА ГОДИНА СРПСКОГ ВОЈЕВАЊА НА ДАИЈЕ

КОПИТАР И ВУК
(Приредио – Голуб Добрашиновић)

Миодраг Поповић
ЈОТА

Миодраг Матицки
ЕПИКА УСТАНКА

Ђорђе Костић
РЕЧЕНИЧКА МЕЛОДИЈА
У СРПСКОХРВАТСКОМ ЈЕЗИКУ

Љубомир Зуковић
КАРАЏИЋЕВ САРАДНИК ПОП ВУК ПОПОВИЋ

Милисав Савић
УСТАНИЧКА ПРОЗА

Голуб Добрашиновић
ВУК ПОД ПРИСМОТРОМ ПОЛИЦИЈЕ

Живомир Младеновић
ТРАГАЊА ЗА ВУКОМ

Љубомир Зуковић
ВУКОВИ ПЕВАЧИ ИЗ ЦРНЕ ГОРЕ

Владимир Цветановић
ВУКОВИМ ТРАГОМ НА КОСОВУ

Здравко Крстановић
ЗЛАТНА ПЈЕНА ОД МОРА

Голуб Добрашиновић
О ПРЕНУМЕРАЦИЈИ

Голуб Добрашиновић
МИНА КАРАЏИЋ ВУКОМАНОВИЋ

Љубисав Андрић
С ВУКОМ У ТРШИЋУ

ПИСМА МИНЕ КАРАЏИЋ ВУКОМАНОВИЋ
(Приредио – Голуб Добрашиновић)

www.ingramcontent.com/pod-product-compliance
Lightning Source LLC
Chambersburg PA
CBHW071156160426
43196CB00011B/2096